Ute Hélène von Reibnitz

Es gibt immer eine Alternative

Ute Hélène von Reibnitz

Es gibt immer eine Alternative

Entdecken und gestalten Sie Ihre berufliche Zukunft

Kösel

FSC
Mix
Produktgruppe aus vorbildlich bewirtschafteten Wäldern und anderen kontrollierten Herkünften

Zert.-Nr. SGS-COC-1940
www.fsc.org
© 1996 Forest Stewardship Council

Verlagsgruppe Random House FSC-DEU-0100
Das für dieses Buch verwendete FSC-zertifizierte Papier *München Super* liefert Mochenwangen.

Umschlag: fuchs_design, München
Umschlagmotiv: Igor Kopelnitsky / Getty Images
Illustrationen: Monica May, München
Druck und Bindung: GGP Media GmbH, Pößneck
Printed in Germany
ISBN-10: 3-466-30731-7
ISBN-13: 978-3-466-30731-9

www.koesel.de

INHALT

EINFÜHRUNG

Dieses Buch bietet Ihnen einen neuen Ansatz, der Ihre eigenen Kräfte zielführend und zukunftsoffen mobilisieren soll. Die hier vorgestellte Szenario-Methode bzw. -Technik ist nicht wirklich neu, sondern schon seit Jahren in Unternehmen, privat und öffentlich, groß und klein, ein bewährtes Instrument, um sich mit kommenden Veränderungen und Herausforderungen frühzeitig auseinander zu setzen. Doch wie lässt sich eine solche Methode auf einen einzelnen Menschen übertragen? Schlicht, indem man sie vereinfacht und an die Bedürfnisse des Individuums anpasst. Beispiele im Coaching haben gezeigt, dass die Szenario-Methode es schafft, Räume und Türen zu öffnen, wo der Mensch in seiner Situation, und manchmal auch in seiner selbst konstruierten Sackgasse, zuvor nicht weitergekommen ist.
Für mich ist dieses Buch wichtig, weil ich mir damit einen lange gehegten Wunsch erfülle. Seit ich als Unternehmensberaterin und Coach selbstständig bin, habe ich diese Methode zunächst bei mir selbst, dann bei Freunden und später bei jedem, der diesen Prozess ausprobieren wollte, angewendet. Dabei war ich immer wieder positiv überrascht, wie die Methode hilft, Lebenssituationen aus einem anderen Blickwinkel zu sehen und dadurch neue Lösungen zu finden. Deshalb ist es meine Mission, diesen Prozess so darzustellen,

dass jeder, der seine Zukunft selbst in die Hand nehmen will, einen Leitfaden bekommt, mit dem er sein Leben besser gestalten kann.

Manch einer mag sich fragen: Was interessiert mich die Zukunft, wenn ich noch nicht einmal weiß, wie ich bis zum Monatsende über die Runden komme, ob ich meinen Arbeitsplatz in zwei Monaten noch habe, wie ich Kinder und Karriere unter einen Hut bringe, ob mein Diplom mir einen Arbeitsplatz garantiert usw. Richtig: Diese Probleme müssen Sie jetzt sofort angehen und dafür kurzfristig Lösungen entwickeln. Denn das bedeutet, das Hier und Jetzt so zu managen, dass man überhaupt in der Zukunft ankommen kann. Es gibt aber auch Menschen, die sich am besten aus ihren heutigen Problemen befreien, wenn sie einen Traum, eine Vision, eine Wunschvorstellung von ihrer Zukunft haben. Etwas, das ihnen Flügel verleiht und ihnen hilft, über sich hinauszuwachsen.

Wenn Sie Ihre heutigen Probleme einigermaßen gelöst haben, dann sollten Sie nicht im alten Stil »weiterwursteln«, bis die gleiche unangenehme Situation wieder entsteht, sondern die Initiative ergreifen, vordenken und zukunftsorientiert handeln. Wie das geht, wie das Lust auf Zukunft macht und damit Mut zur Zukunft schafft, zeigt die Szenario-Methode. Dieses Buch möchte Sie dabei auf eine Erkenntnisreise in Ihre eigene innerste Welt und auf eine spannende Entdeckungsreise in die Zukunft mitnehmen. Denn wer außer Ihnen ist für Ihre eigene Zukunft verantwortlich? Wenn Sie nicht Ihre Zukunft als Unternehmer Ihres Lebens in die Hand nehmen – wer soll es sonst tun? Wie die Amerikaner gerne sagen: »You are the CEO of your life«, so möchte ich Sie ermuntern, Ihr eigener Lebensunternehmer zu sein. Gibt es etwas Wichtigeres und Spannenderes in Ihrem Leben, als Ihr Leben zu planen, gestalten und zu managen?

Nehmen Sie dieses Buch als einen Reiseführer, der Sie vorbereitet, coacht, Tipps gibt, Sie auf schöne Dinge aufmerksam macht, die es zu entdecken gibt, aber auch auf Gefahren, die unterwegs lauern. Die Reise antreten, das müssen Sie selbst – mit dem Reiseführer *Es gibt immer eine Alternative* in der Hand.

Danken möchte ich denen, die mich beim Schreiben dieses Buches unterstützt, begleitet und inspiriert haben: meiner Freundin und Kollegin Gundula Englisch, die mir als Journalistin manch guten Tipp gegeben hat; meinem Freund Loïc, der mich als Pilot auf das Fliegen als Metapher für die Zukunftsreise gebracht hat, und, nicht zu vergessen, meinem lieben Hund Nelson, der jede Stunde, die ich vor dem Computer saß, treu an meiner Seite ausharrte.

VOM VORTEIL, SEINE ZUKUNFT VORZUDENKEN

»Das nenn ich klug; nicht nur das, was vor den Füßen liegt, zu sehen; nein, auch jenes, was die Zukunft bringt, zu schauen.«

Terenz

Der Wunsch, in die Zukunft zu schauen, zu wissen oder, besser gesagt, zu ahnen, was auf uns zukommt, ist so alt wie die Menschheit selbst. Die Methoden, um Licht in die Zukunft zu bringen, sind so kreativ, genial, ausgefallen und verrückt wie die Menschen, die sie erfunden haben. Das reicht vom Opfern der Tiere im Altertum, aus deren Eingeweiden man versucht hatte, die Zukunft vorherzusagen, über die Pythia von Delphi bis zur Astrologie, Numerologie und anderen esoterischen Methoden. Welcher Methode man den Vorzug gibt, ist dem Geschmack und den Vorlieben jedes Einzelnen überlassen. Nur eines haben alle Methoden der Zukunftsvorausschau gemeinsam: Keine hat bis jetzt den Schlüssel zur tatsächlichen Vorhersage der Zukunft gefunden. Alle stochern mehr oder weniger professionell oder originell mit der Stange im Nebel der Zukunft. Trotzdem blüht das Ge-

schäft mit der Zukunft, und je nebulöser die Methoden, umso besser scheint oft das Geschäft.
Zwei Thesen sind wichtig und sollten immer im Auge behalten werden:

1. Zukunft ist nicht vorhersehbar – und das ist auch gut so!
2. Aber Zukunft ist gestaltbar

Zur ersten These:
Stellen Sie sich vor, Sie könnten tatsächlich Ihre Zukunft vorhersehen. Was würde das für Sie bedeuten? Sie wissen, welche guten Phasen oder Glücksmomente in Ihrem Leben auf Sie warten, Sie wissen aber auch, welche Schicksalsschläge vor Ihnen liegen, und Sie können sehen, wann und wie Sie sterben werden. Wie werden Sie Ihr Leben gestalten, wenn Sie das alles wissen? Vermutlich werden Sie versuchen, die vor Ihnen liegenden Schicksalsschläge abzuwenden und dabei vor lauter Unglücks-Vermeidungsstrategien vermutlich keine Zeit, Energie und Kraft mehr für die Glücksmomente haben. Manch einer wird vielleicht sogar Selbstmord begehen, weil er nicht leiden will, so, wie das Schicksal es für ihn vorgesehen hat. Aber damit kann er auch nicht die bereichernden und positiven Elemente seines Lebens erfahren.
Sollte das Schicksal für Sie einen Unfalltod vorgesehen haben, dann werden Sie versuchen, an besagtem Tag dieses todbringende Verkehrsmittel zu meiden. Ob Sie damit aber Ihrem Schicksal entkommen, ist eine andere Frage. Dies erinnert an die Geschichte des Kaufmanns von Samarkand. Er hat erfahren, dass er am nächsten Tag sterben muss. Um dem Tod zu entgehen, flieht er aus der Stadt, und überall, wo er ankommt, gibt es Tod, Schmerz und Gewalt. Also flieht er von einer Stadt zur anderen, bis er irgendwann am Abend wieder in Samarkand ankommt. Am Stadtrand steht der

Tod und begrüßt ihn mit den Worten: »Schön, dass du endlich da bist, denn ich habe hier den ganzen Tag auf dich gewartet.« Die Lehre daraus ist, dass wir Menschen zwar vieles in unserem Leben gestalten können, dass aber nicht alles in unserer Macht liegt.

Finden wir uns also ab, dass wir unsere Zukunft nicht vorhersehen können. Dies verleiht uns eine Unbeschwertheit, die es uns ermöglicht, Glücksmomente und gute Phasen unseres Lebens offen und bewusst zu genießen. Außerdem hilft uns das Nichtwissen, Schicksalsschläge im Moment zu erleben und uns nicht schon Monate und Jahre davor damit zu quälen. Das Nichtkennen der Zukunft hilft uns auch, Lehren aus dem Leben und seinen Schicksalsschlägen zu ziehen, selbst unser Leben in die Hand zu nehmen, Verantwortung zu tragen, nach neuen Lösungen zu suchen und uns vor allem als Mensch weiterzuentwickeln. Wie Marcel Proust es ausdrückte: »Das Glück ist gut für den Körper, das Unglück hilft, den Geist weiterzuentwickeln.« Das kann fast jeder mit etwas Lebenserfahrung bestätigen: Wer nicht an den Krisen seines Lebens zerbrochen ist, ist oft stärker daraus hervorgegangen, hat weichenstellende Entscheidungen getroffen, sein Leben oft von Grund auf verändert.

Viele von Ihnen haben schon Sätze gehört wie: »Wenn mir damals dieses Unglück nicht widerfahren wäre, dann hätte ich nicht meinen Lebenspartner getroffen oder nicht diesen fantastischen Karrieresprung gemacht.« Jeder weiß, wie heilsam Krisen sind; ohne sie würden wir im gleichen Trott weitermachen und weder uns noch das, was wir tun, in Frage stellen. Wenn man in einer Sackgasse steckt, dann kann man dort bleiben (das ist aber extrem unkomfortabel und macht langfristig nur krank) oder man bündelt in einer letzten Anstrengung alle Kräfte, um einen neuen Weg zu suchen.

Zur zweiten These:
Zukunft ist gestaltbar! Was heißt das konkret? Können wir unsere Zukunft komplett nach eigenem Willen so erschaffen, wie wir das gerne hätten? Die Antwort ist ja, aber nur bis zu einem gewissen Grad und mit einer ordentlichen Portion Demut vor höheren Kräften, Schicksal, Gott oder wie immer Sie es nennen wollen.
Damit eins von vornherein klar ist: Zukunftsgestaltung heißt nicht, in der eigenen Nabelschau sein Leben zu entwickeln, sondern in engem Austausch mit der Welt und den Menschen, die uns umgeben, die uns nahe sind und uns prägen, vorzudenken und sich inspirieren zu lassen. Hierzu braucht man nicht nur Intuition und ein gutes Gespür, sondern auch eine Methode, die hilft, Zukunft systemisch und systematisch zu erfassen. Es ist das Ziel dieses Buches, Ihnen Methoden an die Hand zu geben, die es Ihnen ermöglichen, Ihr eigenes Leben selbstbewusst zu gestalten.

Warum ist gerade in der Krise das Beschäftigen mit der Zukunft so wichtig?

Krisen sind etwas Schwieriges und gleichzeitig etwas Wichtiges in unserem Leben, weil nur sie uns in unseren Gedanken weiterbringen, uns in unseren Entscheidungen und unserer persönlichen Entwicklung einen gewaltigen Schub nach vorn bringen.
Das Zeichen für Krise im Chinesischen bedeutet gleichzeitig Krise und Chance. Deswegen behaupte ich, dass jedes Problem eine Herausforderung und jede Krise der Anfang von etwas Neuem ist. Wenn Sie, liebe Leser und Leserinnen, in diesem Sinn ihre Lebenskrisen betrachten, dann können Sie nur gewinnen. Wie Paul Watzlawick einmal sagte, ist in je-

dem Schlechten auch ein Gutes. Deshalb möchte ich Sie ermuntern, das Positive an der Krise zu erkennen. Ohne Krise findet kein Umdenken statt. Der Mensch braucht eine handfeste Krise, die ihn in seinen Grundfesten erschüttert, damit er zu neuen Denkufern gelangen kann.
Wie kommt man aus der Krise heraus? Dazu gibt es verschiedene Modelle. Das Modell, das Ihnen dieses Buch bietet, ist eine Methode der Zukunftsgestaltung aus Unternehmen, die sich bestens bewährt hat.

VORGEHENSWEISEN UND METHODEN, UM AUS EINER KRISE HERAUSZUKOMMEN

»Stelle dir dein Leben vor wie einen Weg,
dessen Ursprung und Horizont du selbst bist.«

Jacques Salomé

Die Methoden, aus einer Krise zu kommen, sind sehr vielschichtig und reichen von einfach und unkonventionell bis sehr analytisch. Im Folgenden werden sie aufgelistet, in der aufsteigenden Rangfolge von einfach bis anspruchsvoll:

EINFACH AUSSITZEN UND ABWARTEN, BIS DIE KRISE VORBEI IST

Das klingt auf den ersten Blick nicht sehr aufregend, hat aber bei manchen Politikern und Entscheidungsträgern der Wirtschaft schon dazu geführt, dass sie zumindest ihre Haut retten konnten. Der bekannteste Anhänger dieser Vorgehensweise war der frühere Bundeskanzler Helmut Kohl, der sie zu seinem Markenzeichen perfektioniert hat. Die Methode funktioniert aber nicht in allen Fällen; daher ist sie mit größter Vorsicht anzuwenden. Nichts tun und aussitzen kann das Problem oft auch verschlimmern. Daher sollte man diese Methode nur anwenden, wenn man absolut sicher ist, dass durch Aussitzen nichts schief gehen oder sich verschlimmern kann. Also Finger weg, wenn Sie es mit akuten Krisen zu tun haben; das kann wirklich gefährlich werden.

WEITERWURSTELN WIE BISHER UND HOFFEN, DASS ES IRGENDWIE GUT GEHT

Auch dieses Verfahren hat begeisterte Anhänger, nicht nur bei »Otto Normalverbraucher«, sondern auch bei Managern und Entscheidungsträgern in Politik und Unternehmen. Es ist die beliebteste Methode für alle, die Veränderungen, vor allem bei sich selbst und in ihrem engeren Umfeld, scheuen. Gleichzeitig können sie mit hektischer Geschäftigkeit beweisen, dass sie etwas tun. Aus der Krise herauskommen kann man damit aber nur in den seltensten Fällen, beispielsweise wenn die Krise nicht sehr akut ist und die üblichen Problemlösungsmethoden immer noch greifen.

DIE KRISE IGNORIEREN ODER SCHÖNREDEN

Kopf in den Sand stecken und einfach fest daran glauben, dass es keine Krise gibt – sehr beliebt bei Politikern: »Fünf Millionen Arbeitslose – kein Problem, die Wirtschaft röchelt, man glaubt an ein laues Aufwärtslüftchen und außerdem managen bzw. verwalten wir die Arbeitslosigkeit viel besser.« Auf Unternehmerseite hört sich das folgendermaßen an: »Der

Markt entwickelt sich zögerlich, aber wir liegen über dem Branchentrend, nur haben wir vergessen, dass die letzte teure Firmenakquisition unsere letzten Reserven aufgebraucht hat, und daher müssen wir jetzt einige tausend Mitarbeiter entlassen. Dabei wollen wir aber nicht vergessen, den Vorstand für seine überaus effiziente und erfolgreiche Arbeit zu belohnen und die Vorstandsgehälter und Tantiemen zweistellig zu erhöhen.« Der Text kommt Ihnen sicher bekannt vor, nachzulesen in dieser oder ähnlicher Form in den Wirtschaftsteilen der Zeitungen und den Wirtschaftsmagazinen.
Auch bei Privatpersonen ist diese Methode sehr beliebt. Wir alle kennen den Ehemann, der die mehr oder weniger sachten Andeutungen seiner Frau, dass in der Beziehung etwas nicht stimmt, einfach nicht wahrhaben will und an dem Tag, als seine Frau mit Kind und Koffer das Haus verlässt, völlig ahnungslos aus allen Wolken fällt.

DIE KRISE UND IHRE URSACHEN ANALYSIEREN UND NACH LÖSUNGSMÖGLICHKEITEN SUCHEN

Diese Methode erfordert schon etwas mehr Mühe, einen klaren Kopf, analytische, Abstraktions- und Problemlösungsfähigkeiten. Hierzu gibt es verschiedene Methoden der Problemanalyse, die je nach ihren Erfindern und der Komplexität der Situation einfacher oder aufwendiger sind. Alle haben folgende Basisschritte gemeinsam:

- Klären, was das Problem ist.
- Klären, was Ursache und was Auswirkung ist.
- Lösungsalternativen entwickeln: Wichtig ist dabei, nicht die erstbeste Lösung umzusetzen, denn dies ist zwar die erste Lösung, die einem einfällt, aber nicht unbedingt die beste. Besser ist: mehrere unterschiedliche Lösungsansät-

ze entwickeln, bewerten und dann die für das Problem am besten geeignete umsetzen.
- Nach der Umsetzung ist man noch nicht fertig: Später ist zu prüfen, ob die angewandte Lösung auch das zu erwartende Ergebnis erzielt hat (Erfolgskontrolle nach messbaren Kriterien nennt man das im Management).

SYSTEMISCHE URSACHENFORSCHUNG UND PROBLEMLÖSUNG

Diese Methode umfasst die Prozessschritte der vorherigen Methode und erweitert sie um einen systemischen Ansatz.

- Klären, was das Problem ist.
- Klären, was Ursache und was Auswirkung ist.
- Die Mechanismen und Systemzusammenhänge hinter den Ursachen erkennen und verstehen.
- Identifizieren der treibenden Kräfte und der getriebenen Kräfte im System. Eine treibende Kraft im System ist so etwas Ähnliches wie der Spielmacher im Fußball, der die Strategie festlegt, also die Angriffs- oder Verteidigungsstrategie und mit welchen Spielern und Taktiken man was erreichen will. Wenn man den Spielmacher erkannt hat, ist es sehr nützlich, ihn zum Partner zu machen oder sich an seine Strategie dranzuhängen. Dadurch erreicht man mehr bei gleichzeitiger Schonung der eigenen Kräfte.
- Auf der Basis dieser systemischen Erkenntnisse werden Lösungsideen entwickelt, bewertet, getestet und erst danach wird die beste umgesetzt.
- Nach der Umsetzung ist man noch nicht fertig. Später ist zu prüfen, ob die angewandte Lösung auch das zu erwartende Ergebnis erzielt hat.

ZUKUNFTSORIENTIERTE PROBLEMLÖSUNG

Diese Methode ist Gegenstand dieses Buches. Sie wird Sie hoffentlich auf neue, spannende Entdeckerpfade führen. Hier kombiniert man die klassischen analytischen und systemischen Methoden mit Verfahren des Zukunftsdenkens und der Zukunftsgestaltung.

ZUKUNFT FASZINIERT – UND MACHT ANGST

»Um glücklich zu sein, genügt es,
das Unvorhersehbare zu akzeptieren.«

Jacques Salomé

Einstein hat einmal gesagt: »Es gibt nichts Spannenderes als die Zukunft, denn dort werde ich den Rest meines Lebens verbringen.« Diesen Satz sollten sich alle, die Angst vor der Zukunft haben, einmal vor Augen führen. Gibt es wirklich etwas Spannenderes und Aufregenderes als die Zukunft? Sicher nicht, wenn wir diese Neugier und diesen kindlichen Entdeckergeist wieder in uns wachrufen, der uns so manche Abenteuer erleben ließ und dem wir einen großen Teil unseres Selbstbewusstseins verdanken.

Sie erinnern sich bestimmt noch an Ihre Kindheit, als Sie sich von zu Hause weggestohlen haben und aufgebrochen sind in ein unbekanntes Revier, von dem Ihre Eltern weder etwas wussten noch wissen durften, weil es sonst Ärger gegeben hätte. Und Sie erinnern sich sicher noch an das großartige Gefühl, als Sie am Abend nach Hause gekommen sind, müde, hungrig, durstig, aber stolz auf die Abenteuer, die Herausforderungen, die Sie da draußen gemeistert haben, und erfüllt von der Sehnsucht nach der großen weiten Welt, die

Ihnen damals noch völlig offen stand. Und jetzt frage ich Sie, was hat sich verändert? Wo ist die große weite Welt mit ihren Abenteuern, ungeahnten Chancen, Entdeckungen, dem faszinierend Neuen und dem bisher noch Ungewagten und Überraschenden? Versuchen Sie doch mal wieder, diese kindliche Lust auf Abenteuer und das, was hinter dem sichtbaren Horizont liegt, zu entdecken. Prickelt es wieder unter der Haut? Sind Sie aufgeregt wie damals als Kind? Dann sind Sie auf dem richtigen Weg. Denn das, was Sie jetzt erwartet, kann man nur mit dieser kindlichen Neugier und Lust am Entdecken und Erforschen des Unbekannten spüren und erleben ... und dann macht das unbekannte Land »Zukunft« auch wirklich Spaß und Lust auf mehr!

Lust und Spannung auf das Neue und Unbekannte ist die positive Seite der Zukunft, aber es gibt auch eine dunkle Seite, die uns ängstigt und lähmt, die uns verzagen lässt und die mit Ungewissheit und Veränderung droht. Veränderung wird oft als Bedrohung und Verschlechterung der bisherigen Situation wahrgenommen. Deswegen haben viele Menschen panische Angst davor – nicht nur Arbeitnehmer, sondern auch gestandene Manager und sogar Unternehmer und Politiker. Sie alle sind gelähmt, verängstigt, mutlos und sie trauen sich nicht zu sagen, was gesagt werden muss. Stattdessen wird herumlaviert und manövriert, dass selbst der normalintelligente Bürger oft schon gar nicht mehr weiß, was die Politiker in ihren »Schwafel-« und Schachtelsätzen ausdrücken oder verschleiern wollen. In Frankreich hat man einen Begriff für die Sprache der Politiker – man nennt sie »la langue de bois« (die Holzsprache), weil sie hölzern, steif und umständlich statt lebendig, imaginativ und inspirierend ist. Und so wie ihre Sprache, sind auch ihre Taten, wenn sie denn bei dem ganzen Machtgeschacher überhaupt noch zu etwas kommen.

Trotz aller Ängste: Veränderung ist notwendig, und zwar auf

allen Ebenen, in allen Schichten, in allen Bereichen von Politik, Wirtschaft und Gesellschaft und vor allem in den Köpfen. Eine Veränderung bietet alles, was man braucht, um zu gestalten, um die Welt neu zu erfinden, etwas völlig Neues zu wagen. Die Barriere der Angst muss endlich niedergerissen werden, damit wir wieder vernünftig und zukunftsfreudig mit Veränderungen und den in ihnen steckenden Chancen umgehen können.

Das lässt sich so einfach sagen, aber jeder weiß, dass Veränderungen auch anstrengend sein können, dass sie Fragen aufwerfen, die man sich bisher nicht gestellt hat, und vor allem, dass sie Veränderungen von jedem Einzelnen fordern. Und das Unangenehmste ist, dass man noch gar nicht weiß, was nach der Veränderung sein wird, ob man die neue Situation mag, ob man mit ihr besser zurechtkommt oder gar nicht, und vor allem, was man an sich ändern muss (denn das ist das Schlimmste und Anstrengendste an dem Ganzen). Änderungen bei anderen begrüßt man gerne sehr großherzig und fordert sie auch sehr nachdrücklich. Aber wehe, es geht um die eigene Meinung, die alten Privilegien und Gewohnheiten, die lieb gewordenen Verhaltensweisen, die sozialen Errungenschaften, den Wohlstand, die Bequemlichkeit und vieles mehr. Wenn das in Frage gestellt wird, dann sieht das Willkommenheißen der Veränderung schon ganz anders aus ...

Trotzdem führt kein Weg daran vorbei, sich den Veränderungen zu stellen, je eher, umso besser. Je mehr man vorgedacht hat, je mehr man Alternativen entwickelt hat, umso proaktiver kann man den externen Wandel zum eigenen Vorteil und zum eigenen internen Wandel und zur Weiterentwicklung nutzen. Man kann ihn sogar gestalten und ihm seinen Stempel aufdrücken. Im Englischen gibt es den treffenden Begriff »shaping actor«, also gestaltender Akteur. Das sollten wir wieder werden.

EXKURS: DIE ENTSTEHUNGS-GESCHICHTE DER ZUKUNFTSGESTALTUNG

»Der Himmel hilft niemals denen, die nicht handeln wollen.«

Sophokles

Zukunft oder besser gesagt Zukünfte vordenken, erfinden und gestalten ist für Unternehmen in ganz Europa, Fernost und den USA und öffentliche Organisationen, zum Beispiel in Frankreich, nichts Neues, sondern wird schon seit Jahrzehnten praktiziert. Die Methoden sind teilweise komplex, und daher hat es bis jetzt noch niemand versucht, diese Vorgehensweisen auf Individuen zu transferieren und zu modifizieren. Trotzdem halte ich einen kleinen Exkurs in die Zukunftsgestaltung von Organisationen für sinnvoll. Die Grundidee ist die gleiche, für Individuen kann die Durchführung im Folgenden aber etwas vereinfacht werden.
Wie alle erfolgreichen Methoden hat die Szenario-Technik, eine der Basismethoden der Zukunftsgestaltung, viele Väter.

Erste Ansätze finden sich bereits bei Seneca, der einmal gesagt hat: »Es ist wichtiger zu wissen, wohin sich die Dinge entwickeln, als zu wissen, woher sie kommen.« Dies hat der Zukunftsvorausschau einen wichtigen Anstoß gegeben. Von Seneca stammt auch die Aussage: »Wer nicht weiß, in welchen Hafen er segeln will, für den ist kein Wind der richtige.« Dies ist der Kick zum Vordenken, um dann zu entscheiden, wohin man gehen will. Wer das nicht weiß, wird zum Spielball der externen Veränderungen und wird überall landen, nur nicht dort, wo er eigentlich ankommen wollte. Oder wie der Volksmund sagt: »Ein Schritt daneben, und man ist am Ziel anderer.«
Der nächste Zukunftsdenker war Carl von Clausewitz. Laut dieses Strategen ist das Ziel die politische und militärische Überlegenheit, der Zweck dazu der Krieg und die Strategie ist der Gebrauch des Gefechtes. Übertragen auf ein Unternehmen heißt das heute: Das Ziel ist die Marktführerschaft, sei es quantitativ oder qualitativ; die Strategie könnte zum Beispiel die Erschließung neuer Kundengruppen oder die Erweiterung des Produkt- oder Dienstleistungsangebotes sein. Auch in der heutigen strategischen Planung gilt immer noch das, was Helmuth von Moltke und Clausewitz einst definiert haben:

- Den Gegner dort angreifen, wo er die größten Schwächen zeigt.
- Die Strategie auf eigenen Stärken aufbauen.
- Das langfristige Ziel im Auge behalten, also nicht nur die Schlacht, sondern vor allem den Krieg gewinnen.

Das Wort »Szenario« tauchte zum ersten Mal auf, als Hermann Kahn in den USA in den 50er-Jahren des 20. Jahrhunderts militärstrategische Planspiele für die Rand Corporation entwickelte. Diese Szenarien waren überwiegend

Beschreibungen von militärischen Situationen, in denen die betroffenen Militärstrategen eine bestmögliche Operation mit dem Sieg als Endziel vorbereiten sollten.
Die Geschichte der Zukunftsgestaltung und der Szenarien in Europa begann in Frankreich ebenfalls in den 50er-Jahren des 20. Jahrhunderts mit Bertrand de Jouvenel und Gaston Berger. Sie entwickelten erstmals den Gedanken, dass Zukunft auch Diskontinuität, Trendbruch und Paradigmenwechsel bedeuten kann. Damit haben sie mit dem bis in die 50er-Jahre hinein bestimmenden Cartesianischen Weltbild gebrochen und die Zukunftsantizipation, auf Französisch »la prospective«, ins Leben gerufen. Das Cartesianische Weltbild ging davon aus, dass die ganze Welt eine komplexe, intelligente Maschine ist, deren Formel man kennen muss, um Zukunftsaussagen zu machen. Die Welt wurde bis dahin als großes berechenbares Uhrwerk angesehen. Dass dies nicht der Fall ist, hat sich dann sehr schnell Ende der 60er-Jahre mit den Studentenunruhen und danach mit der ersten Ölkrise bestätigt. Die Paradigmen wurden gebrochen, nichts war mehr wie vorher und, noch schlimmer, man konnte keine Gesetzmäßigkeiten aus der Vergangenheit mehr ableiten.
Die militärischen Szenarien hatten überwiegend visionären Charakter. Es interessierte niemanden, wie sie zustande kamen und wie sie sich aus der Gegenwart heraus entwickelten. Bei den Szenarien für Unternehmen und öffentliche Organisationen spielt dies jedoch eine große Rolle.
Zukunft – unabhängig, welcher Lehrmeinung oder -schule man angehört – ist immer von folgenden Thesen geprägt:

- Die Zukunft ist nicht determiniert und determinierbar.
- Zukunft ist immer mit Unsicherheiten behaftet.
- Die Erkenntnis, dass es nicht die eine, sondern immer mehrere alternative Zukünfte aus der Sicht der Gegenwart

geben muss, ist bedingt durch Unsicherheiten. Keiner kann sagen, wie die Zukunft aussehen wird, also muss man mehrere Zukünfte vordenken und lernen, mit Unsicherheiten umzugehen. Die einzige Möglichkeit, Unsicherheiten in den Griff zu bekommen, ist das Denken und Handeln in Alternativen.

Die französischen Zukunftsforscher oder »prospectivistes« haben dann noch die Fragen »Wer bin ich?«, »Wo komme ich her?« und »Wo will ich hin?« als wesentliche Ergänzung hinzugefügt.
Interessant ist in diesem Zusammenhang, dass es im Deutschen keinen passenden Begriff gibt, weder für die Disziplin noch für die Menschen, die sie ausüben. Im Englischen gibt es zwei Bezeichnungen, die aber auch nicht sehr glücklich gewählt sind: den »futurist«, der »futurology« oder »foresight« betreibt. Im Deutschen sagt man »Zukunftsforscher«, was völlig danebenliegt, da man nicht etwas erforschen kann, was es noch nicht gibt. Dasselbe gilt für den noch schlimmeren pseudoneumodischen Begriff »Zukunftsmanager«.
Mein Vorschlag geht dahin, die Disziplin »Prospective« zu nennen und den, der sie ausübt, als »Prospectivist« zu bezeichnen. Dies ist im Deutschen noch etwas gewöhnungsbedürftig, aber es trifft die Sache besser als alle anderen pseudowissenschaftlichen, an den Haaren herbeigezogenen Begriffe.
Kommen wir zurück zu den Pionieren in der Anwendung der Szenario-Methode oder Prospective: Dies waren in Frankreich zunächst das Raumordnungsinstitut DATAR (Délégation de l'Aménagement du Territoire et de l'Action Régionale) und das Commissariat du Plan. »La prospective« ist ein gängiges Instrument bei Staatsunternehmen wie France Telecom, SNCF (die französische Eisenbahn), EDF (der natio-

nale Energieversorger) und Ministerien. Später folgten dann die Regionen mit ihren großen Übungen zur »prospective territoriale«, der Regionalentwicklung mit Beteiligung der ökonomischen, sozialen und der regionalen, also dezentralen Akteure.

In Deutschland und im englischen Sprachraum haben sich Szenario-Technik oder Foresight für Unternehmen erst nach der ersten Ölkrise durchgesetzt, nachdem man die Grenzen des Wachstums erkannt hatte und erste Überlegungen zum qualitativen Wachstum entstanden sind. Die Pioniere auf diesem Gebiet waren die Battelle-Institute in USA und Deutschland.

Die ersten industriellen Anwender waren die Branchen, die am stärksten von der Ölkrise betroffen waren, also die Energie- und Ölbranche sowie die Automobilindustrie; später kamen Chemie, Gesundheitswesen und Banken hinzu.

Grundsätzlich gilt: Solange es einer Branche gut geht, denkt keiner der Entscheider daran, etwas zu ändern; erst in dem Augenblick, wo die externen Veränderungen massiv hereinbrechen, wird das Bewusstsein geschärft, dass etwas Gravierendes zu tun ist, und vor allem, dass man nicht mehr so »weiterwursteln« kann wie bisher.

Interessant ist der Ländervergleich zwischen Deutschland und Frankreich: Während in Frankreich die Staatsunternehmen, die Ministerien und erst später die privaten Unternehmen die Prospective angewendet haben, lief es in Deutschland eher umgekehrt: Die ersten Anwender waren Unternehmen, und die staatlichen Organisationen zeigten sich wenig bis überhaupt nicht interessiert. Und das ist leider bis heute so geblieben. Während es in Frankreich zum guten Ton gehört, die Regionen in ihre Entwicklung mit einzubeziehen – und das, obwohl Frankreich immer noch ein zentralistisches Land ist –, hat sich in Deutschland auf der Ebene der regionalen Entwicklung mithilfe von Zu-

kunftsinstrumenten wenig getan – und das, obwohl Deutschland ein sehr föderales Land ist.
Es ist also noch eine Menge zu tun, nicht nur auf der Ebene der persönlichen Lebensgestaltung, sondern auch auf der Ebene der politischen, wirtschaftlichen und gesellschaftlichen Zukunftsgestaltung.

CAROLINE, MARTIN UND JOHN AUF DEM WEG ZUR ZUKUNFTSGESTALTUNG

»*Wage das Beste in deinem Leben,*
denn niemand anderer lebt es für dich.«

Jacques Salomé

Damit die einzelnen Stufen des Vorgehens klar und verständlich werden, sind sie im Folgenden am Beispiel von drei Menschen in unterschiedlichen Lebenssituationen dargestellt.

Fangen wir an mit *Caroline*, einer Betriebswirtschaftsstudentin in der Mitte ihres Studiums, 21 Jahre alt. Sie überlegt sich, ob sie ihr Studium an einer renommierten französischen Wirtschaftsuniversität (HEC = Haute Ecole de Commerce) glatt durchziehen oder doch lieber ein paar Semester im Ausland studieren soll. Sie weiß, dass künftige Arbeitgeber auf Auslandsstudien und Sprachkenntnisse größten Wert legen. Welchen Weg sie einschlagen und in welcher

Branche sie später arbeiten will, darüber hat sie sich zwar schon Gedanken gemacht, aber sie ist noch zu keinem Ergebnis gekommen.
Ihre Interessen und Hobbys variieren von einem Tag zum anderen, wie dies bei vielen jungen Menschen der Fall ist. Eine Studienfreundin, die aus Tunesien stammt, hat sie kürzlich zum orientalischen Tanzkurs mitgenommen. Caroline hat sich gleich mit Feuereifer in den Tanz und die Musik gestürzt. Ein weiteres Interesse ist Parfum und alles, was mit olfaktorischer Wahrnehmung zusammenhängt. Deshalb träumt sie davon, für eine große französische Parfum- oder Kosmetikfirma im Ausland zu arbeiten. Und als sie an einem Naturschutzprojekt ihrer Universität mitwirkt, ist plötzlich Ökologie das Faszinierendste für sie. Sie ist an so vielen Themen und Lebensbereichen interessiert, dass sie eher verwirrt als klar orientiert ist. Mit ihrer Ratlosigkeit ist sie nicht allein; ein großer Teil ihrer Studienkollegen schlägt sich mit den gleichen Fragen herum.
Das Studien- und Berufscoaching ihrer Uni nimmt sie zunächst mit Skepsis, dann aber mit großer Begeisterung auf. Hier werden nicht nur ihre fachlichen, sondern auch ihre menschlichen Fähigkeiten und ihr Persönlichkeitsprofil ermittelt. Nach der umfassenden Analyse wird ein prospectives Programm geboten, bei dem sie zunächst gecoacht wird, und dann ermittelt sie mit einer Freundin als Begleiterin im Prozess ihre Zukunftsmöglichkeiten. Welche Etappen sie wie durchläuft, wird in den folgenden Schritten dargestellt.

Die zweite Person ist *Martin*, 41 Jahre alt, in der Mitte des Lebens und seiner Berufstätigkeit. Er ist Leiter eines Geschäftsbereichs in einer renommierten deutschen Maschinenbaufirma, hat den größten Teil seiner Karriere in diesem Unternehmen verbracht und Hervorragendes für seine Firma geleistet. Er wurde mehrfach von der Geschäftsleitung ausgezeichnet, weil seine Verbesserungsvorschläge zu neuen Produkten und rationelleren Abläufen geführt haben, was seiner Firma nicht nur mehr Umsatz, sondern auch Kostenvorteile gebracht hat. Martin berichtet auch im privaten Kreis immer voller Stolz von seiner Firma, mit der er sich innerlich sehr verbunden fühlt.

Er ist seit 15 Jahren verheiratet, hat einen zwölfjährigen Sohn und eine neunjährige Tochter und versteht sich - von kleineren Differenzen mal abgesehen - sehr gut mit seiner Frau, einer freischaffenden Journalistin. Beide sagen, dass das Erfolgsgeheimnis ihrer Ehe die offene Kommunikation in allen Situationen und Lebenslagen und ihre auch in 15 Jahren Ehe nicht abgenutzte Neugier aufeinander ist.

Martin weiß bereits seit einiger Zeit, dass seine Firma in der Krise ist, weil trotz großer Erfolge in vielen Bereichen das Unternehmen bei einigen wichtigen Märkten und Produkten den Anschluss verloren hat. Das Topmanagement sucht daher nach einem starken Partner oder besser nach einem Global Player, der bereit wäre, die Firma zu übernehmen und wieder für den Weltmarkt fit zu machen. Leider gibt es nicht so viele attraktive Übernahmepartner. Die meisten, die Interesse zeigen, wollen nur die Filetstücke des Unternehmens bzw. das, was strategisch am besten in ihr Portfolio passt, und den Rest veräußern. Es ist also alles offen: Entweder die Firma muss Insolvenz anmelden oder sie wird übernommen - aber wie geht es dann weiter? Noch besteht Hoffnung, dass die Firma übernommen wird, aber von wem und unter welchen Bedingungen? Wird Martin dort genauso gebraucht, oder hat man schon jemand anderen für seine Position ins Auge gefasst? Und gibt es seine Position in Zukunft überhaupt noch?

Alle diese Fragen beschäftigen und beunruhigen Martin sehr. Er, der immer ein Macher, Gestalter und Unternehmer war, ist diesem Machtspiel hilflos ausgeliefert. Er kann nichts tun, nichts voranbringen, nichts verändern, sondern muss abwarten. Und das fällt ihm schwer. Natürlich spricht er darüber mit Isabelle, seiner Frau. Sie macht ihm Mut, weil sie merkt, dass diese neue Situation ihn sehr bedrückt. Er, der immer geschlafen hat wie ein Murmeltier, steht jetzt nachts auf, tigert durch das Haus und weckt den Rest der Familie mit seiner Unruhe auf. Als er dann auch noch über Magenschmerzen klagt, keinen Appetit mehr hat und anfängt, Tabletten gegen seine Schlafstörungen und Magenprobleme zu schlucken, greift Isabelle ein. Sie schlägt ihm vor, statt an den Symptomen herumzudoktern, das Problem an der Wurzel zu packen und sich professionell coachen zu lassen. Als Journalistin hat sie schnell recherchiert, verschiedene Methoden und Coachs gefunden, und die beiden sind sich einig, dass ein Coaching zur Zukunftsgestaltung für Martin das geeignete Mittel ist. Isabelle hat auch gleich den richtigen Coach für Martin gefunden, eine Frau, die Zukunftsgestaltung für Unternehmen und Individuen anbietet, und das seit etlichen Jahren mit Erfolg im In- und Ausland. Ariane ist sicher der beste Coach, den sie finden konnte.

Die dritte Person ist *John*, ein erfolgreicher Bankmanager am Ende seiner Karriere. Ihn kennt jeder in der Londoner City. Er ist ein innovativer Kopf, der so manches Mal die Branche und seine Kollegen mit unkonventionellen, letztendlich aber erfolgreichen Ideen überrascht und beeindruckt hat. Er war zwar immer sehr erfolgs- und karriereorientiert, ist aber trotzdem sehr menschlich geblieben (kein »Banker-Hai« und keine »Kapitalismusheuschrecke«!). Er hat seinen Erfolg dazu genutzt, neue Methoden für Entwicklungsländer zu konzipieren und durchzusetzen. Seine Kollegen sprechen mit großem Respekt von ihm als einem Vordenker und Macher, der dem Kapitalismus ein menschliches Gesicht gegeben hat.
John ist 60 Jahre alt, was man ihm nicht ansieht. Er strotzt vor Energie und Leidenschaft für seinen Beruf und ist fern

jeglicher Überlegungen, die mit Ruhestand verbunden sind. Wenn er mit gleichaltrigen Kollegen spricht und diese ihm erklären, dass sie sich auf das Ende des Arbeitslebens freuen und nun endlich Zeit haben, ihr Golf-Handicap zu verbessern, dann steht John da und fragt sich, ob er wirklich in der gleichen Altersklasse ist.

Sein Privatleben war nicht frei von Turbulenzen; seine Karriere und das, was er im Bankwesen bewegen wollte und bewegt hat, kam immer an erster Stelle. Er hat drei erwachsene Kinder aus zwei verschiedenen Ehen, die über die ganze Welt verstreut sind und zu denen er trotz räumlicher Distanz versucht, Kontakt zu halten. Seit einigen Jahren ist er in dritter Ehe mit einer sehr attraktiven, deutlich jüngeren Italienerin verheiratet. Giuliana ist zwar aus Liebe zu ihm nach London gezogen, sehnt sich aber doch sehr nach italienischer Lebensart und verbringt immer öfter längere Aufenthalte in ihrer Heimat. War es früher John, der auf Reisen war und seine Familie allein ließ, so erlebt er jetzt das erste Mal, dass er allein gelassen wird, ein verdammt merkwürdiges Gefühl, das ihm gar nicht behagt und ihn in schlechte Laune versetzt, wenn er abends in die leere Wohnung kommt. Giuliana blüht unterdessen immer mehr auf, weil sie in Italien besser in ihrem Beruf als Textildesignerin arbeiten kann. Hier kennt sie die Firmen, die Menschen, die Mentalität, während in England ihre Karriere als unabhängige Designerin mehr schlecht als recht lief.

So kommt es, dass John immer öfter allein ist und anfängt nachzudenken – über sich, über seine Vergangenheit, seine Ideale, seine Erfolge und Fehlschläge und was er aus seinem Leben gemacht hat. Die Bilanz, die er zieht, macht ihn nicht unbedingt glücklich. Beruflich, ja, das war schon toll, da wird er auch gefeiert und anerkannt. Aber privat sieht die Bilanz eher deprimierend aus. Er denkt mit Wehmut an die Zeit zurück, als seine Kinder noch klein waren und er nur sehr selten der »Gute-Nacht-Geschichten-Daddy« war. Was

weiß er eigentlich von seinen jetzt erwachsenen Kindern? Was bewegt und motiviert sie, das zu tun, was sie gerade unternehmen? Sind sie glücklich mit ihren Berufen, ihren Lebensumständen? Er wird sich plötzlich bewusst, dass er es gar nicht weiß. Wenn er mit ihnen telefoniert oder Mails austauscht, dann läuft das eher nach dem Schema »Alles okay, Dad«; und unausgesprochen heißt das: »Was weißt du schon von unseren Träumen und unserer Realität?« John spürt diese unangenehme schmerzhafte Leere in sich und er läuft durch sein luxuriöses Haus, ohne zu wissen, was er sucht.
In seiner eindrucksvollen Bibliothek, die seine Bildung widerspiegelt – dort gibt es neben Fachliteratur auch philosophische und poetische Werke, und das nicht nur in Englisch, sondern auch in Französisch und Italienisch –, sucht er nach einem Buch für seine jetzige Lebenssituation. Einen Band mit dem Titel *Wie gestalte ich das letzte Drittel meines Lebens?*, der ihm von einem früheren Kollegen geschenkt wurde, hat er zunächst gar nicht angeschaut, aber jetzt nimmt er das Buch doch zur Hand und entdeckt eine neue Welt, die nicht das Ende – wie er immer glaubte –, sondern etwas faszinierend anderes und Neues bedeutet.
Er beschließt, nicht nur zu lesen, sondern sich professionell helfen zu lassen. Wenn er etwas macht, dann ganz oder gar nicht, das war schon immer seine Devise. Einen klassischen Coach oder Unternehmensberater möchte er aber nicht, da hat er zu wenig Erfahrung und auch nicht das Vertrauen. Aber wer könnte ihm da helfen? Er überlegt eine Weile und da kommt ihm sein alter Freund Nomonde Maphisa aus Burkina Faso in den Sinn. Er ist Priester, hat eine enorme Menschenkenntnis und ist ein geborener Coach. Da er des Öfteren in London ist, dürfte es kein Problem sein, zusammenzuarbeiten. Nomonde sagt auch sofort zu, informiert sich vorher aber noch im Internet und bei professionellen Coachs über Zukunftsgestaltung und Coaching.

DER PROZESS DER ZUKUNFTS-GESTALTUNG

»Ich kann nicht an andere Ufer vordringen,
wenn ich nicht den Mut aufbringe, die alten zu verlassen.«
André Gide

Vorbemerkung zum Zukunftsprozess

Bevor wir konkret in den Zukunftsgestaltungsprozess mit Caroline, Martin und John einsteigen, unternehmen wir noch einen kurzen Exkurs in die Philosophie des Zukunftsdenkens und -gestaltens, damit wir wissen, warum bestimmte Schritte in welchen Abläufen erfolgen müssen.
Was ist das Geheimnis des Zukunftsdenkens? Ganz einfach, dass man mehr Wert auf Zukunft statt auf Vergangenheit legt und entsprechend mehr Zeit in die Zukunft investiert. Die Vergangenheit wird dabei nicht ganz ausgeschaltet: Sie ist immerhin die Basis für die Gegenwart und stellt zu einem Teil sicher auch die Ressourcen für die Bewältigung der Zukunft.

Was kann man sich unter Ressourcen für die Zukunft vorstellen? Dies sind sicher Bildung, Diplome, Erfahrungen, die Facetten der Persönlichkeit und der Soft Skills. Aber das reicht nicht aus. Hinzu kommen müssen Ideen, Alternativen, Gedanken, Einfälle, Annahmen über die Zukunft und Mut, um all das zu denken und umzusetzen.

Entscheidend ist aber, dass man bei aller Analyse der Vergangenheit irgendwann einen Schlussstrich zieht und nicht weiter ins Detail geht. Warum? Wir wissen alle, wie man sich am Vergangenen weiden kann: noch eine und noch eine Analyse und Interpretation derselben Fakten mit einer neuen Nuance. Und was das Beste ist: Man kann so herrlich Schuldzuweisungen machen. Wann wer warum was falsch gemacht hat, das zu diskutieren und durchzuhecheln, muss enorm viel Spaß machen, sonst gäbe es nicht so viel privaten und Firmenklatsch.

Wie man die Vergangenheitsbesessenheit auf die Spitze treiben und wie einem die Vergangenheit die Gegenwart vergiften kann, habe ich neulich unfreiwillig im Zug erlebt. Ein älteres Ehepaar hatte offensichtlich Mühe, seine reservierten Sitzplätze zu finden. Statt das Problem zu lösen, im Zweifelsfalle vielleicht auch mal den Schaffner zu fragen, entzündete sich ein lautstarker Streit, der über ca. zehn Minuten die übrigen Gäste des Großraumwagens köstlich unterhalten hat. Ich möchte nicht in die Details dieser Auseinandersetzung gehen, die von Aussagen wie »Immer machst du …«, »Nie hörst du mir zu« oder »Nie machst du, was ich dir sage« gekrönt wurde. Sie hätte Stoff für die Diplomarbeit etlicher Psychologiestudenten geliefert. Entscheidend war, dass die Auseinandersetzung nicht nur eskalierte, was Lautstärke und Beleidigungen eindrucksvoll dokumentierten, sondern immer weiter in der Vergangenheit landete, die hervorragende Munition bot, um sich gegenseitig zu beschimpfen und Vorwürfe zu machen. Das Ganze wurde noch getoppt von der Aussage der mittlerweile extrem zornigen Ehefrau: »Hätte ich dich doch bloß nicht vor 50 Jahren geheiratet, dann hätte ich jetzt nicht dieses Problem …« Dem ist nichts mehr hinzuzufügen.

Und jetzt stellen wir uns die Frage: Was hilft uns dieser Streit für das konkrete Problem, die Sitzplätze zu finden, oder generell für die Zukunft weiter? Die Antwort ist einfach: Er hilft überhaupt nicht, sondern im Gegenteil: Er blockiert und verhindert, dass eine Lösung gefunden werden kann. Sicher können wir sagen, dass wir – hoffentlich – aus den Fehlern der Vergangenheit gelernt haben und diese – wenn wir konsequent sind oder einfach nur Glück haben – nicht wiederholen werden. Aber irgendwann müssen wir uns die Frage stellen: *Was können wir aus der Vergangenheit für die Zukunft lernen?*

Ich bin immer sehr enttäuscht, wenn ich merke, dass diese Frage kaum gestellt wird, weder im privaten noch beruflichen Kontext. Dabei wäre sie ausgesprochen hilfreich. Jeder von uns hat sicher schon vor den Trümmern einer Beziehung, eines Projekts oder einer Idee gestanden und sich geschworen: »Das passiert mir nicht noch einmal.« Und wenn man aus der emotionalen Ecke herausgekommen ist, dann hat man hoffentlich die Umstände, Ursachen und Auswirkungen dieses Fehlschlags analysiert und sich die Frage gestellt: »Was muss ich in Zukunft anders oder besser machen?«

Wenn Sie aus der Vergangenheit und Gegenwart gelernt haben, dann werden Sie hoffentlich nicht die gleichen Fehler, dafür aber andere machen. Die Null-Fehler-Strategie gibt es nicht. Wir werden immer wieder welche machen, nur sollten wir aus unseren Fehlern lernen und daran wachsen. Manchmal gibt es auch so genannte nützliche Fehler, die uns zu neuen Ufern bringen, und ohne die wir uns nicht verändert oder weiterentwickelt hätten. Schauen wir zum Beispiel in die Evolution: Sie hat sich in Millionen Jahren eine Menge Fehler erlaubt, aber sie hat immer daraus gelernt, und manchmal waren Fehler wichtig, um zu einer höheren Entwicklungsstufe zu kommen.

Zusammengefasst kann man sagen, dass wir aus der Vergangenheit Grundsätzliches oder Prinzipielles (alles, was sich im Bereich des menschlichen Verhaltens bewegt) für die Zukunft lernen sollten, dass wir aber auf keinen Fall Gesetzmäßigkeiten (zum Beispiel im ökonomischen, politischen, technischen oder gesellschaftlichen Kontext) aus der Vergangenheit für die Zukunft ableiten sollen.

Nach der Auseinandersetzung mit der Vergangenheit folgt jetzt das Beschäftigen mit der Zukunft, das wirklich Spannende und Faszinierende.

Wie kann man sich Zukunft überhaupt vorstellen? Ich mache mir manchmal den Spaß, Freunde, Verwandte, Alte und Junge, Kunden, Geschäftspartner und Seminarteilnehmer zu fragen, was ihnen in den Sinn kommt, wenn sie an Zukunft denken. Diese Antworten habe ich gesammelt und gebe sie in stark gekürzter Form wieder.

Betrachtet man alle Antworten, dann kristallisiert sich heraus, dass die meisten Menschen eher pessimistisch sind, was die Zukunft ihres Landes, der Wirtschaft, ihrer Arbeit, ihres Wohlstands, der Renten und der Umwelt angeht. Wenn sie aber an ihre ganz persönliche Zukunft denken, an ihre Familie, ihre Freunde, ihre Gesundheit, dann überwiegt deutlich eine optimistische Grundeinstellung. Es geht zwar generell schlecht, aber ich kann und will mir nicht vorstellen, dass es mir so schlecht geht. Da hilft uns sicher unser psychologischer Schutzmechanismus, denn sonst müssten wir permanent mit zu großen Ängsten leben.

Wenn man sich mit Zukunft beschäftigen will, muss man die Vergangenheit und Gegenwart als Startrampe und Ressource ansehen. Bleiben wir beim Bild der Startrampe und stellen wir uns ein Raumschiff vor. Beim Start verlässt das Raumschiff unter Aufbietung ungeheurer Schubkräfte die terrestrische Startrampe, um sich von ihr zu lösen und ins All zu fliegen. Den Moment, wo ein Flugzeug oder ein Raumschiff den sicheren Boden verlässt, bezeichnet man im Englischen mit dem schönen Wort »airborne«, also »luftgetragen«. In diesem Moment ist nicht mehr der Boden, sondern die Luft der Träger. Dazu bedarf es gewaltiger Anstrengungen. Und genauso müssen wir uns das mit dem Aufbruch in die Zukunft vorstellen: Wir verlassen den sicheren und physischen Boden der Tatsachen und schwingen uns auf in die Luft, wo andere Gesetzmäßigkeiten wie die dritte Dimension sowie Schub und Auftrieb den Flug bestimmen. Wir müssen also die Erde, unsere Vergangenheit und Gegenwart, hinter uns lassen, um in neue Dimensionen vorzustoßen.

Fast jeder hat wohl schon einmal in einem Verkehrsflugzeug gesessen und bei seinen ersten Flügen ganz bewusst den Moment erlebt, wo das Flugzeug abhebt. Noch schöner und intensiver kann man das in einem einmotorigen Sportflugzeug oder in einem Segelflugzeug erleben: Den Moment des Abhebens, der einem manchmal in einem großen Verkehrsflugzeug entgeht, spürt man in einem kleinen Luftfahrzeug ganz intensiv. Und das erzeugt ein Hochgefühl für leidenschaftliche Flieger – und ein etwas mulmiges für den, der das erste Mal in der kleinen Maschine sitzt. Aber dann kommt das Gefühl des »Wow – wir fliegen, lassen die Erde ganz weit unter uns und sind davon überzeugt, jetzt ist alles möglich« – vorausgesetzt, wir halten uns an die Spielregeln der Physik und der Luftfahrt.

Und ich möchte, dass Sie dieses »Wow«-Gefühl beim Abheben in die Zukunft im Bauch, im Kopf, unter der Haut spüren ...

Bleiben wir noch eine Weile in unserem kleinen sympathischen Sportflugzeug. Jetzt haben wir schon deutlich an Höhe gewonnen. Der Höhenmesser zeigt vielleicht 3 000 Fuß (ca. 1 000 Meter) an und wir schauen nach unten, sehen den Flugplatz, die daneben liegende Stadt, Felder, Wälder, Seen und Flüsse. Jetzt erleben wir dieses wunderbare Hochgefühl, ganz weit oben zu sein und allen Ballast und alle Sorgen, die uns normalerweise belasten und bedrücken, einfach unten am Boden zu lassen. Denn das können wir in der Luft nicht gebrauchen und es würde uns am Steigflug hindern.
Genauso verhält es sich mit der Zukunft. Alles, was uns am Boden der Vergangenheit und Gegenwart hält, »beschwert«, also schwer macht, und das Abheben in Richtung Zukunft verhindert, müssen wir am Boden lassen. Ein Flugzeug darf auch nur die in einem ausgewogenen Verhältnis zu seinem Gewicht und seinem Antrieb passende Last mitnehmen, sonst kann es nicht abheben. Der verantwortungsvolle Pilot prüft zudem intensiv vor dem Start, was wir auf die Reise in die Zukunft mitnehmen müssen (Treibstoff, Landkarten, Flugplan, Wetterinformationen, Navigationshilfen ...) und was wir tunlichst zurücklassen sollten, also überproportionale Gewichte, die den Flug und damit unser Leben gefährden würden. Wir genießen dann unseren Flug, den Wind, der uns manchmal etwas schüttelt, schauen um uns herum in die unendliche Weite und wieder einmal nach unten, und da kommen uns zwei Dinge in den Sinn:

- Aus großer Höhe werden die Straßen, Häuser, Menschen und ihre Probleme ganz klein und schauen weniger gefährlich und bedrohlich aus. Der bekannte Ballonfahrer Bertrand Piccard, der mit seinem Team in Rekordzeit die Welt per Ballon umrundete, hat einmal gesagt: »Wann immer man mit einem Problem konfrontiert ist, ›change altitude‹, ändere die Höhe, und die Probleme relativieren sich bzw. die Lösung kommt automatisch aus einer höheren Position oder entfernteren Sichtweise.«

- Aus großer Höhe sieht man auf einmal das Ganze, statt nur eines kleinen Ausschnittes; man erkennt die Gesamtzusammenhänge und bekommt manchmal auch etwas Ehrfurcht vor dem logisch ineinander greifenden System. Die Probleme sind nie isoliert, sondern immer in einem Kontext oder Umfeld, und in diesem muss man sie sehen und begreifen, um sie lösen zu können.

So schön das Fliegen und die Freiheit über den Wolken auch sind, irgendwann muss ein Flugzeug wieder zurückkommen, das heißt landen. Der Pilot geht seine Checkliste durch, um die Landung vorzubereiten, und das Flugzeug geht in den Sinkflug über, die Erde kommt wieder näher, und jetzt erkennt man die Details: Häuser, Straßen, Bäume, alles rückt näher, und wir erleben, dass sich unser Blick auf die Welt verändert hat. Was bisher extrem schwierig oder wichtig war, ist auf eine handhabbare Größe zusammengeschrumpft, und Details, die wir bisher gar nicht im Blick hatten, haben eine neue, zukunftsbezogene Bedeutung bekommen. Dieses Gefühl bleibt, bis wir wieder sicher auf der Landebahn aufgesetzt haben. Wenn wir dann noch etwas benommen und beeindruckt aus unserem kleinen Flugzeug steigen, merken wir, dass sich etwas verändert hat. Nicht die Welt, die wir gesehen haben, sondern unsere Wahrnehmung für sie ist eine andere geworden, vielleicht intensiver, vielleicht offener. Wir haben aus der Luft Zusammenhänge gesehen, die uns am Boden nicht klar waren, mit denen wir uns jetzt auseinander setzen müssen.
Was können wir vom Fliegen auf den Ausflug in die Zukunft übertragen und lernen?

These 1: Fliegen ist auf jeden Fall sicherer als Zukunftsreisen: Auch wenn wir uns in der dritten Dimension bewegen, so gibt es in der Luft klare physikalische Gesetze, nach denen ein Flugzeug starten, fliegen und wieder sicher landen kann.

These 2: So wie das Fliegen mit technischen Prüfungen am Fluggerät, Informationen über das Wetter, mit Routenplanung, Treibstoffplanung und -versorgung, Beladung, rechtlichen Aspekten beim Überfliegen bestimmter Lufträume etc. vorbereitet werden muss, so muss auch der Zukunftsreisende seine Vorbereitungen sehr genau treffen. Dazu gehören vor allem umfangreiche Informationen über Veränderungen im Umfeld, Routen- und Alternativplanungen sowie die Ressourcenbereitstellung, damit man überhaupt starten und – nicht zu vergessen – sicher vom Ausflug aus der Zukunft wieder zurückkommen kann.

Wir erheben uns also vom Boden des Gestern und Heute in die Lüfte, schauen uns um, entdecken Neues, Erstaunliches, Fremdes, Überraschendes, Schönes, aber auch Beängstigendes und kommen mit diesen virtuellen Erkenntnissen wieder zurück auf den Boden der Gegenwart. Was passiert dann? Wir sehen die Gegenwart mit ganz anderen Augen, weil wir wissen, was da hinten in der Zukunft und oben über den Wolken alles möglich ist. Und jetzt beginnen sich die Probleme von heute zu verschieben, zurechtzurücken, manchmal kleiner zu werden oder sie kommen in einen anderen Referenzrahmen. Das heißt, was heute noch heftig, kontrovers und leidenschaftlich diskutiert wird, verliert unter den veränderten Rahmenbedingungen von morgen später jegliche Bedeutung.
Aus Unternehmen kennen wir folgende Diskussion: Wir müssen den Außendienst erweitern – und dann zeigt die Zu-

kunft, dass wir gar keine weiteren Außendienstmitarbeiter brauchen, sondern die, die wir haben, anders qualifizieren müssen, weil Kundenkontakte immer mehr über Internetportale und E-Business laufen werden. Die Ursprungsdiskussion »Außendiensterweiterung« ist also obsolet geworden.

Ein anderes Beispiel: Der Vorstand möchte sich gern ein in Stein und Stahl gehauenes Denkmal schaffen. Was wäre dafür besser geeignet als eine schöne, neue, protzige Hauptverwaltung? Wieso eigentlich? Ein Ausflug in Zukunftsveränderungen zeigt, dass immer mehr Unternehmen virtuell arbeiten, sich zu anpassungsfähigen Netzwerken zusammenschließen, Mitarbeiter zu Projektarbeitern mit völlig anderen, flexiblen Arbeitszeiten und -orten werden. Man braucht also weniger Arbeitsplätze in der Hauptverwaltung, und trotzdem wird dafür so gern richtig viel Geld ausgegeben. Denn der Name des Vorstandes wird in der Plakette am Eingang verewigt und man kann sich vor Kunden, Geschäftsfreunden und Lieferanten so schön mit dem neuen Gebäude, das natürlich architektonisches High Tech vom Feinsten bietet, selbst beweihräuchern.

Aus Familien kennt man die Diskussion »Wir brauchen unbedingt ein größeres Auto, damit wir alle Kinder und ihre Sportgeräte hin und her transportieren können«. Beim Blick nach vorn stellt sich heraus, dass diese intensive Phase mit drei Heranwachsenden nur zwei Jahre dauert, dann ist der Älteste nämlich schon aus dem Haus. Statt eines größeren Autos braucht man also eine etwas intelligentere Organisation, arbeitsteilig mit Nachbarn und Freunden gemanagt – und schon ist das Problem erledigt.

A propos Auto: Haben Sie schon einmal nachgedacht, wie viel Zeit Ihr Auto irgendwo herumsteht, wie viel Platz es dafür benötigt, den man eventuell sinnvoller nutzen könnte, und wie viel Zeit es fährt? Bringt man die Zeiten in Relation, dann steht ein Auto 80 bis 90 Prozent der Zeit und es fährt – von Außendienstmitarbeitern einmal abgesehen – nur 10 bis 20 Prozent der Zeit. Eigentlich müsste es »Steh«-zeug und nicht »Fahr«-zeug heißen. Und jetzt schauen Sie sich mal um, in Ihrer eigenen Familie, im Freundes- und Bekanntenkreis: In den meisten Familien gibt es ein Fahrzeug pro Familienmitglied über 18 Jahre. Auch hier könnten mit etwas Nach- und Vordenken und einer intelligenten Organisation die Anzahl der Fahrzeuge, die Kosten, die Umweltbelastung, der Platzverbrauch etc. zum Wohle aller reduziert werden. Wenn da nicht unser Ego und sein Besitzdenken wären: mein Haus, mein Auto, meine Segelyacht – und nicht zu vergessen meine Frau und meine Kinder ...

John Rifkin, der amerikanische Zukunftsautor, hat das Ende des Besitzdenkens schon vor einigen Jahren angekündigt. Was wir brauchen, ist nicht Besitz, sondern »access«, also Zugang zur Nutzung von Gegenständen und Leistungen. Den Leihwagen, den Sie sich im Urlaub oder auf einer Geschäftsreise mieten, besitzen Sie ja auch nicht, und trotzdem können Sie ihn wunderbar nutzen, und zwar nur genau die Zeit, in der Sie ihn brauchen. Und nur diese Nutzung zahlen Sie.

Nach diesem kleinen Exkurs in alltägliche Beispiele einer bedarfsorientierten Nutzung und eines intelligenteren Managements wenden wir uns wieder der Zukunft zu.

Viele fragen sich: Wie kann man sich den Raum »Zukunft« vorstellen? Das Flugzeug war ein Mittel, um neue Dimensionen zu erkunden, aber um den ganzen Raum der Zukunft auszuloten, müssen wir noch ein Stück weitergehen. Laut den Experten der Zukunftsmethoden ist die Zukunft n-dimensional. Außer Astrophysikern kann sich keiner etwas unter n-Dimensionalität vorstellen. Versuchen wir es deshalb mit einem dreidimensionalen Raum, der im folgenden Trichterbild dargestellt ist:

Die Szenario-Technik

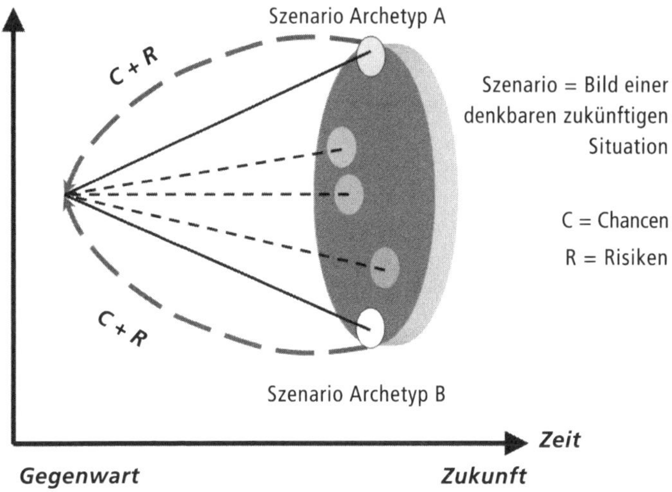

Alle irgendwie nur vorstellbaren Zukunftssituationen liegen in der Öffnung des Trichters. Aber man braucht sich nicht mit allen auseinander zu setzen; abgesehen davon, dass das sehr viel Arbeit bedeuten und der Nutzen in keinem Verhältnis zum Aufwand stehen würde. Was für uns wichtig ist, ist, die so genannten Archetypen, die in den beiden entgegengesetzten Ecken der Trichteröffnung liegen, auszuloten. Wenn Sie nämlich in der Lage sind, mit diesen beiden entgegengesetzten Zukünften umzugehen, dann können Sie das auch mit allen anderen Zwischenvarianten. Außerdem leben wir in einer Welt, die nicht entsprechend unserem abendländischen Denken schwarz-weiß, gut-böse ist. Die Asiaten haben dies am besten mit dem Prinzip des Yin und Yang erfasst. Dies bedeutet nicht, dass eines besser ist als das andere, son-

dern dass beide Aspekte gegensätzlich und damit komplementär sind; also hell *und* dunkel, rund *und* eckig, hart *und* weich, glatt *und* rau, kalt *und* heiß, Tag *und* Nacht, nicht zu vergessen Mann *und* Frau. Die Liste ließe sich beliebig fortsetzen.
Nachdem man nach vorn in mögliche Zukünfte gedacht hat, muss man jetzt die Konsequenzen daraus ziehen. Was bedeuten all diese Veränderungen für mich, meine Karriere, meine persönliche Weiterentwicklung, mein Leben? Wie kann ich mich darauf einstellen? Wie kann ich ihnen begegnen? Wie kann ich diese Veränderungen eventuell sogar zu meinem eigenen Vorteil nutzen? Um dies zu erfahren, werden wir die Fälle von Caroline, Martin und John verfolgen und daraus lernen.

1. Schritt: Aufgabenanalyse

»Damit das Mögliche entsteht, muss immer wieder das Unmögliche versucht werden.«

Hermann Hesse

Ziel dieses ersten Schrittes ist es, die heutige Situation eines jeden Menschen in allen ihren Facetten, mit allen Licht- und

Schattenseiten, zu beleuchten, um so die Ausgangsbasis oder Startrampe für die Zukunft zu schaffen.
Der erste Schritt dieser Methode beginnt mit einer Analyse der heutigen Situation. Die kritische *Analyse der Ist-Situation* ist etwas, was die meisten Menschen relativ leicht bewältigen, da kritisches und analytisches Reflektieren uns oft mehr liegen als kreatives und vorausschauendes Denken. Trotzdem sollten hier einige Spielregeln beachtet werden:

- Ein gewisser Abstand zum Problem gewährleistet, neutral und objektiv zu analysieren.
- Der Blick auf das Problem von mehreren Seiten oder Menschen hilft Einseitigkeit und Subjektivität zu vermeiden (»Mehraugenprinzip«; Vermeiden des »blinden Flecks« – damit sind Teile des Selbst gemeint, die von einer Person nicht wahrgenommen werden, meist weil es sich dabei um unangenehme und nicht akzeptierte Persönlichkeitsseiten handelt).
- Es sollten alle verfügbaren Daten zusammengetragen werden, um die Analyse so sachlich und transparent wie möglich zu machen.

Wenn in diesem Zusammenhang das Wort »Problem« benutzt wird, so kann dies auch »Aufgabe« oder »Thema« heißen (nicht alles, was wir ändern wollen, muss ein Problem sein). Aufgabe, Thema oder Problem können sehr unterschiedlich definiert werden; die Szenario-Methode ist so flexibel, dass sie sich auf verschiedenste Komplexitäten einstellen kann: auf einen Einzelnen, ein Unternehmen oder eine Situation in einer Branche oder in einem Land.
Wenn man sich über das Thema und seine Strukturen, seine Stärken und Schwächen klar geworden ist, kann man auch Fragen auflisten, die man später auf der Basis der verschiedenen Szenarien beantworten möchte. Hier wird ein entschei-

dender Unterschied zwischen der Szenario-Methode und anderen Verfahren deutlich: Statt Fragen, die die Zukunft betreffen, auf der Basis von Gegenwarts- oder, schlimmer noch, Vergangenheitsdaten zu beantworten (was leider sehr oft geschieht), sollte man diese erst beantworten, wenn Zukunftsannahmen vorliegen. Warum? Weil Prinzipien oder Paradigmen, die gestern noch unumstößlich waren, heute oft schon nicht mehr relevant sind.

Hierzu einige Beispiele: Bis in die 80er-Jahre des letzten Jahrhunderts galt die Formel »hohes Wirtschaftswachstum = niedrige Arbeitslosenquote« und »schlechtes Wirtschaftswachstum = hohe Arbeitslosenquote«. Die Kombination »gutes Wirtschaftswachstum und hohe Arbeitslosenquote« war ausgeschlossen – und genau das war die Realität in den letzten Jahren.

Ein anderes Beispiel: Dass Deutschland gemeinsam mit Russland und Frankreich gegen die US-Invasion im Irak Front machen würde, war früher undenkbar. Von Frankreich und Russland waren die USA schon immer Querschüsse gewohnt, aber dass Deutschland, der bisher immer treue und manchmal unkritische Bündnispartner, gegen die USA interveniert, war für die Amerikaner völlig überraschend.

Fazit: Man sollte nie aus der Vergangenheit die Zukunft ableiten. Wir können aus der Vergangenheit lernen, aber dürfen nicht ihre Gesetzmäßigkeiten auf die Zukunft übertragen. Jetzt werden sicher einige einwenden, dass sich die Geschichte wiederholt (Völkermorde und Kriege gehen weiter), aber dies kann man unter der Rubrik »Nichts oder zu wenig aus der Vergangenheit gelernt« einordnen. Es ist wichtig, dass man immer wieder Veränderungen in Betracht zieht, vor allem solche, die es bisher nicht gegeben hat. Die Amerikaner sagen gerne – ohne es immer konsequent auf sich selbst anzuwenden – »think the unthinkable«, also: Denke das Unmögliche. Damit haben wir Europäer oft ein Pro-

blem, denn das widerspricht unserem rationalen und teilweise Cartesianischen Denken. Die amerikanische Denkweise ist da eher empirisch, unkonventionell, experimentell und »out of the box«, also aus dem gewohnten Denkmuster heraus.
Ob Tsunami oder terroristische Anschläge, die brennenden Banlieues (Vorstädte) in Frankreich und anderes: Es gibt immer wieder völlig neue Konstellationen, Faktoren und Ereignisse, die wir so noch nicht in der Vergangenheit hatten. Also was nützt es da, wenn wir die Zukunft aus der Vergangenheit herleiten wollten. Daher Augen auf für das, was sich an Neuem ereignet, und sich damit auseinander setzen – ohne Panik, aber mit einem wachen Geist, der sich dann kritische Fragen stellt: Was kann sich wie in Zukunft ändern? Welche neuen Paradigmen können auftreten? Welche alten Paradigmen und Spielregeln werden obsolet? Warum haben wir Angst vor Veränderungen? Wie können wir damit umgehen?

VORGEHENSWEISE

Als Erstes ist eine kritische Selbstanalyse erforderlich. Ich habe viele Manager erlebt, die eine solche Analyse für ihre Firma aus dem Handgelenk schütteln, wenn es aber um sie selbst geht, dann kommen sie ins Grübeln und merken, dass sie sich diese Fragen noch nie gestellt haben. Schlimmer noch, sie wissen keine Antwort darauf und sind äußerst verwirrt.
Wie lauten die Fragen?

- Wer und was bin ich als Mensch?
- Wo komme ich her? Was hat mich zu dem gemacht, was ich heute bin?

- Was sind meine Werte, von denen ich unter keinen Umständen abweichen werde, egal, welche Lebensumstände sich ereignen?
- Was ist meine Mission? Wozu bin ich eigentlich auf der Welt? Was ist der Sinn meines Lebens?
- Was ist meine Vision von mir als Mensch? Wer, was oder wie will ich in Zukunft sein? Was ist meine Idee von meinem höheren Selbst, das ich anstrebe?
- Welche Ziele verfolge ich, um meine Mission zu erfüllen und meine Vision zu erreichen?
- Welche Strategien habe ich auf den Weg gebracht, um diese Ziele zu erreichen? Und das Ganze wenn möglich auch noch aufgeteilt in kurz-, mittel- und langfristig?
- Welche meiner Schwächen hindern mich, meine Ziele und Strategien umzusetzen?
- Welche meiner Stärken können mir helfen, meine Ziele und Strategien umzusetzen?

Sie werden jetzt vielleicht denken, das sind ja verdammt schwierige Fragen und außerdem habe ich mir solche Fragen noch nie gestellt. Keine Sorge, da sind Sie nicht allein. Es gibt leider nur sehr wenige Menschen, die sich diese wichtigen Fragen gelegentlich stellen. Daher ist es höchste Zeit, dass Sie jetzt damit anfangen, Ihrem Leben eine neue Tiefe und eine zukunftsorientierte Ausrichtung zu geben. Der erste Teil Ihrer Übung besteht darin, dass Sie versuchen, diese Fragen so ehrlich wie möglich zu beantworten. Schummeln oder Lügen bringt nichts, denn Sie betrügen damit nur den wichtigsten Menschen in Ihrem Leben – sich selbst.
Keine Bange: Die wenigsten Menschen, außer ganz spirituellen wie zum Beispiel der Papst, der Dalai Lama und einige andere, können diese Fragen vermutlich spontan beantworten. Alle anderen müssen ganz tief in sich gehen und nach Antworten suchen. Und dann kommt es vor, dass man ein-

fach keine Antwort auf alle Fragen findet. Auch das ist kein Drama, sondern ganz normal. Sie sind jetzt in einem Lernprozess, und das bedeutet, dass Sie Fehler machen dürfen, unter der Bedingung, dass Sie daraus etwas für Ihre Zukunft lernen.
Damit das Ganze nicht so furchtbar schwer erscheint, lesen Sie jetzt einfach die Antworten unserer drei Protagonisten. Sie werden vielleicht gelegentlich mal schmunzeln über die eine oder andere Antwort, sich sicher in dem einen oder anderen aber auch selbst wieder erkennen.

CAROLINES ANTWORTEN

- *Wer und was bin ich als Mensch?*

Das ist aber eine komische Frage! Ich bin eigentlich ein fröhlicher und optimistischer Mensch, ich lache gern und nehme das Leben von der leichten und angenehmen Seite. Manchmal bin ich etwas deprimiert, wenn ich sehe, dass viele junge Leute mit gutem Diplom in Frankreich keinen Arbeitsplatz finden. Das macht mich traurig, und ich frage mich schon, wie es mir einmal geht, wenn ich mein Diplom in der Tasche habe. Aber ich lasse mich nicht entmutigen; irgendwie finde ich schon etwas nach dem berühmten System D in Frankreich (D = se debrouiller = sich durchwursteln). Ich bin ein Mensch mit einem großen Gerechtigkeitssinn, empfinde Verantwortung für die Umwelt und ich rege mich furchtbar darüber auf, wenn jemand diese Werte missachtet.

- *Wo komme ich her? Was hat mich zu dem gemacht, was ich heute bin?*

Ich komme aus einer einfachen Familie, deren Wurzeln in Südfrankreich liegen. Mein Vater war beim Militär und daher habe ich schon als Kind einen Teil der Welt gesehen wie zum Beispiel Pakistan, Indien, Golf-Staaten, Saudi-Arabien, Indonesien, Taiwan. Ich habe andere Kulturen kennen und ihre Andersartigkeit schätzen gelernt, und das hat in mir die Lust geweckt, später einmal international zu arbeiten. Meine Eltern haben mir und meinem Bruder Werte wie Respekt für andere Kulturen, andere Religionen und Gerechtigkeitssinn nahe gelegt. Ich habe ein gutes Gymnasium besucht und mich intensiv auf die Eliteuniversität HEC vorbereitet. Diese Zeit war hart, aber ich bereue sie nicht; ich habe Disziplin, Ausdauer und Durchsetzungswillen gelernt und ich weiß heute umso mehr, dass ich Erfolg haben will in meinem späteren Berufsleben.

- *Was sind meine Werte, von denen ich unter keinen Umständen abweichen werde, egal, welche Lebensumstände sich ereignen?*

Meine Werte, von denen ich auf keinen Fall abgehen werde, sind Aufrichtigkeit, Gerechtigkeitssinn und Respekt für meine natürliche Umwelt. Alles andere ist verhandlungsfähig.

- *Was ist meine Mission? Wozu bin ich eigentlich auf der Welt? Was ist der Sinn meines Lebens?*

Oh, mein Gott, was für eine Frage; die hätte sich mein Professor ausdenken können. Ich versuche sie aber trotzdem auf der Basis dessen, was ich in mir fühle, zu beantworten. Meine Mission, ich weiß es nicht genau, aber das ist vielleicht meine Idee, die Welt in einem kleinen Bereich ein Stück besser, lebens- und liebenswerter zu machen. Ob das einmal Umwelt, Justiz oder anderes ist, weiß ich jetzt noch nicht.

- *Was ist meine Vision von mir als Mensch? Wer, was oder wie will ich in Zukunft sein? Was ist meine Idee von meinem höheren Selbst, das ich anstrebe?*

Meine Vision von mir als Mensch: Ich möchte jemand sein, an den man sich positiv mit einem warmen Gefühl im Herzen erinnert.

- *Welche Ziele verfolge ich, um meine Mission zu erfüllen und meine Vision zu erreichen?*

Also hier muss ich passen. Mein einziges nahe liegendes Ziel ist mein Diplom.

- *Welche Strategien habe ich auf den Weg gebracht, um diese Ziele zu erreichen? Und das Ganze wenn möglich auch noch aufgeteilt in kurz-, mittel- und langfristig?*

Tut mir Leid, aber die Frage kann ich noch weniger als die vorherige beantworten. Ist das schlimm und wird das jetzt den Prozess behindern?

- *Welche meiner Schwächen hindern mich, meine Ziele und Strategien umzusetzen?*

Da sie keine Ziele und Strategien habe, erübrigt sich die Frage wohl, meint Caroline ganz verschmitzt. Aber da irrt sie sich, denn sie hat auf jeden Fall Stärken und Schwächen, und mit denen sollte sie sich auseinander setzen. Also rückt sie mit ihren Schwächen heraus:

- Ungeduld.
- Mangelndes Durchhaltevermögen (schnell die Flinte ins Korn werfen, wenn etwas nicht so klappt, wie ich mir das vorstelle).
- Mangelnde Zielorientierung: heute ist dies und morgen etwas anderes sehr cool und superwichtig.
- Eine gewisse Oberflächlichkeit: weil das In-die-Tiefe-Gehen oft zu anstrengend ist und man mit einer witzigen, coolen Antwort oft schon ganz gut dasteht.
- Unsicherheit und Minderwertigkeitsgefühle gegenüber den Studienkollegen, die schon Auslandssemester hinter sich haben und damit auch entsprechend auftrumpfen.

- *Welche meiner Stärken können mir helfen, meine Ziele und Strategien umzusetzen?*

- Eiserner Wille, wenn es sich um meine wirklich wichtigen Ziele dreht.
- Intelligenz im logischen und sprachlichen Bereich; die guten Noten in Englisch und Spanisch beweisen es.
- Die Fähigkeit, nach Niederschlägen und Enttäuschungen wieder

aufzustehen und zu kämpfen mit dem Satz »Jetzt erst recht« auf den Lippen.
- Die Fähigkeit zu kämpfen, dort, wo es sich lohnt, und die Fähigkeit zu erkennen, dort, wo es sich nicht lohnt.
- Mein Optimismus und das Vertrauen, dass ich es irgendwie schon schaffe ...

Der Kommentar und das Feedback des universitären Supervisors, der die Arbeit von Caroline, die sie mithilfe ihrer Freundin Marie erstellt hat, beurteilt, lautet: »Für eine 21-Jährige ist das eine reife Leistung, besonders die Aussagen zu Mission und Vision. Da habe ich schon ganz andere, armselige Antworten von gestandenen Managern an dieser Stelle gesehen.«

MARTINS ANTWORTEN

- *Wer und was bin ich als Mensch?*

Ich bin ein Macher und Gestalter, jemand, der gerne etwas Neues aufbaut und besonders solche Dinge tut, von denen jeder behauptet, dass das gar nicht geht. Ich brauche immer die Herausforderung, den Kitzel, die »mission impossible«. Und so habe ich in meiner jetzigen Firma schon mehrere Geschäftsbereiche aufgebaut und es hat mir immer sehr viel Spaß gemacht. Die Aufbauphasen waren alles andere als ein Zuckerschlecken, da gab es mehr als genug Stress, wenn irgendetwas nicht klappte und ich in letzter Minute »Feuerwehreinsätze« gefahren habe, um Krisensituationen abzuwenden. Da bin ich oft spät nach Hause gekommen, aber es war immer eine tolle Phase, wie mit Adrenalin gedopt. Und dann gab es den Höhepunkt, wenn wir das Projekt beendet hatten und der Geschäftsführung die Ergebnisse in einer brillanten Show präsentiert haben. Nach diesen Projektabschlüssen bin ich immer in ein tiefes Loch gefallen und war fast depressiv, bis zu dem Zeitpunkt, wo mir jemand ein anderes herausforderndes Projekt angeboten hat. Wenn das vorbei ist, dann wird es oft langweilig für mich. Was ich nicht mag, sind Konsolidierungsphasen und Bewahren des Erreichten. Deswegen wechsle ich auch gerne die Position nach der Aufbauphase, aber am liebsten innerhalb der Firma. Das hat bisher auch ganz gut in meinem jetzigen Unternehmen geklappt.

Ich bin auch ein Mensch, der andere gern führt, ihnen Unterstützung in ihrer beruflichen Weiterentwicklung bietet, besonders wenn sich das mit den Projektzielen deckt ...

An dieser Stelle wird Martin von Ariane, seinem Coach, unterbrochen mit der Frage: »Das ist ja alles hoch spannend, aber was sind Sie eigentlich für ein Mensch? Sie sind ja nicht nur Manager, sondern auch Ehemann, Vater, Sohn, Bruder, Freund und Nachbar.« Martin schluckt und denkt eine Weile ganz angestrengt nach. Es ist ihm schon fast peinlich, dass er so lange für eine Antwort braucht, aber dann kommt doch etwas.

Also, wenn Sie meine Frau fragen, die wird sicher sagen, dass ich polygam bin. Polygam? Na ja, sie meint, dass sie eine extrem attraktive Nebenbuhlerin hat, meine Firma. Sie geht manchmal sogar noch weiter und behauptet, dass meine Firma die Erst- und sie die Zweitfrau ist. Es stimmt schon, dass ich verdammt viel Zeit in der Firma verbringe, aber in meiner Position geht das nicht anders ...

»Und jetzt noch mal von der Firma zurück zum Privatleben«, unterbricht ihn der Coach.

Tja, mein Privatleben. Also, nicht dass Sie das falsch verstehen; ich verstehe mich sehr gut mit meiner Frau. Sie ist nicht nur sehr attraktiv, sondern auch sehr intelligent. Wenn ich sie nicht hätte, um meine Probleme in der Firma zu besprechen, dann wüsste ich nicht, was ich machen sollte. Meine Frau ist die Seele und der Kopf der Familie, ich weiß gar nicht, wie sie es managt, Familie und ihre Freiberuflichkeit als Journalistin – sie schreibt für Wirtschaftsmagazine international – unter einen Hut zu bringen. Ich bewundere sie sehr dafür, und dann ist sie Hauptansprechpartnerin für die Kinder, deren Sorgen mir

manchmal entgehen. Abgesehen von kleineren Querelen verstehen wir uns gut und ich kann sagen, dass sie der wichtigste Mensch in meinem Leben ist.
»Was schätzt Ihre Frau denn besonders an Ihnen?«, unterbricht ihn Ariane, und Martin schluckt erst mal, bevor er zu einer Antwort kommt.
Also ich glaube, sie mag meine Zuverlässigkeit und dass ich auch für ihre Probleme ein offenes Ohr habe. Sie schätzt besonders, dass – wenn ich mich mal um die Kinder kümmere – ich das mit vollem Engagement tue. Ach ja, und wenn sie ab und an mal geschäftlich verreisen muss, dann bin ich ganz und gar für meine Kinder da. Die Kinder genießen diese Zeit ebenso wie ich. Ich denke, ich bin ein ganz brauchbarer und sicher voll engagierter Vater, allerdings nicht zu jedem Zeitpunkt. Meine Freunde schätzen an mir, dass ich da bin, wenn sie mich brauchen. Und an meinem Hund hänge ich besonders. Oft mache ich lange Spaziergänge, wenn ich nach Hause komme, das tut dem Hund mindestens genauso gut wie mir.

- *Wo komme ich her? Was hat mich zu dem gemacht, was ich heute bin?*

Ich komme aus einfachen Verhältnissen. Wir waren fünf Kinder zu Hause, ich bin der Älteste und habe immer schon früh Verantwortung für die Jüngeren tragen müssen. Meine Erziehung war sehr streng und nach dem Prinzip »Liebe für Leistung«. Wenn ich eine gute Leistung erbracht habe, zum Beispiel auf meine Geschwister aufgepasst oder gute Noten in der Schule erzielt habe, dann bekam ich Lob und Anerkennung und hatte das Gefühl, geliebt zu werden. Daher habe ich immer versucht, der Beste zu sein, in der Schule und im Sport. Das ist mir zwar nicht immer, aber doch oft gelungen. Vorbild sein und die Zähne zusammenbeißen waren auch solche Leitsätze aus meiner Kindheit, die mich bis heute prägen. Der größte Bruch in meinem Leben war, dass ich mein Physikstudium abgebrochen habe; ein Thema, das heute noch an mir nagt und mir regelmäßig Vorwürfe meiner Eltern beschert. Dieser Abbruch hat wohl dazu geführt, dass ich heute beruflich überkompensiere: Ich muss nicht nur alles gut machen, sondern besser als alle anderen.

- *Was sind meine Werte, von denen ich unter keinen Umständen abweichen werde, egal, welche Lebensumstände sich ereignen?*

Ich bin jemand, für den Loyalität und Zuverlässigkeit sehr wichtig sind. Sein Bestes geben für ein Engagement, das man eingegangen ist, ist für mich ebenfalls unerschütterlich. Zu seinem Wort stehen gehört in die gleiche Liga. Lügen sind mir ebenfalls verhasst, obwohl ich meine Frau schon einmal betrogen habe. Aber ich konnte es ihr nicht sagen, weil ich Angst hatte, sie zu verletzen und noch mehr, sie zu verlieren. Aber das bleibt ja wohl unter uns ...
»Kein Problem, ein Coach behandelt alles, was der Klient sagt, absolut vertraulich«, meint Ariane.

- *Was ist meine Mission? Wozu bin ich eigentlich auf der Welt? Was ist der Sinn meines Lebens?*

Ich bin auf dieser Welt, um ambitionierte Projekte und Vorhaben, an die keiner glaubt, zu verwirklichen. »Make mission impossible possible«, wie es ein amerikanischer Geschäftsfreund einmal ausdrückte. Ich bin derjenige, der, wenn alle aufgegeben haben, noch an das Projekt glaubt und es gegen alle Bedenken zum Laufen bringt. Dies gilt im geschäftlichen, aber auch im privaten Bereich. Wenn ich einmal tot bin, dann soll man von mir sagen, dass ich jemand war, der Träume und Utopien umgesetzt und ihnen eine konkrete Form, etwas zum Anfassen gegeben hat.

- *Was ist meine Vision von mir als Mensch? Wer, was oder wie will ich in Zukunft sein? Was ist meine Idee von meinem höheren Selbst, das ich anstrebe?*

Meine Vision ist, anderen die Begeisterung für Projekte, Themen zu vermitteln, die in mir brennt. Meine Vision ist auch, meinen Kindern ein guter, begeisterungsfähiger Vater und Vorbild zu sein.

- *Welche Ziele verfolge ich, um meine Mission zu erfüllen und meine Vision zu erreichen?*

Da wird es jetzt schon etwas schwieriger. Ich bin nicht der typische strategische Planer, der klare Ziel- und Strategiesysteme aufbaut. Meine Ziele und Strategien kommen eher aus dem Bauch, und ich mache das nach Gefühl und der jeweiligen Situation. Meistens bin ich damit ganz gut gefahren.

- *Welche Strategien habe ich auf den Weg gebracht, um diese Ziele zu erreichen? Und das Ganze wenn möglich auch noch aufgeteilt in kurz-, mittel- und langfristig?*

Also, da muss ich jetzt wirklich passen oder soll ich jetzt etwas erfinden?

»Nein«, antwortet Ariane, »die Analyse der Ist-Situation ist so etwas wie eine Diagnose. Man bringt die Analysedaten auf den Tisch. Hier wird nichts erfunden. Wenn Sie zum Arzt gehen und eine Blutanalyse machen lassen, dann können Sie von Fakten ausgehen. Egal, ob Ihnen oder Ihrem Arzt das Ergebnis gefällt, Sie werden Ihren Cholesterinwert weder verharmlosen noch schönfärben oder -reden. Er ist so, wie er ist, und damit muss man umgehen.«

- *Welche meiner Schwächen hindern mich, meine Ziele und Strategien umzusetzen?*

Da ich weder Ziele noch Strategien genau definiert habe, kann ich meine Schwächen nur allgemein beschreiben. Dies sind folgende:

- Ungeduld mit Menschen, die mit meinem Tempo und meiner Auffassungsgabe nicht mithalten.
- Härte und Aggressivität, auch dort, wo es nicht angebracht ist.
- Manchmal über das Ziel hinausschießen und über Leichen gehen.
- Ich weiß immer alles besser. Ein Kollege hat einmal zynisch über mich gesagt: »Martin weiß alles, und was er nicht weiß, weiß er besser.«
- Ich bin nicht gut im Delegieren; ich glaube, dass ich die Arbeit

immer besser als andere machen kann. Meine Devise lautet: Man verlässt sich am besten auf sich selbst.
- Wenn ich mich denn mal ausruhe, dann werde ich extrem faul und bin zu gar nichts mehr zu bewegen.
- Mein Beitrag zur Haus- und Familienarbeit bewegt sich eher in homöopathischen Dosen.

- *Welche meiner Stärken können mir helfen, meine Ziele und Strategien umzusetzen?*
- Mein Wille, Projekte und Vorhaben konsequent und gut umzusetzen.
- Mein Glaube an meine Energie und meine Durchsetzungskraft.
- Meine Fähigkeit, Menschen zu begeistern und mitzureißen.
- Meine Fähigkeit, aussichtslose Situationen umzudrehen und zum Erfolg zu bringen.
- Ich bin ein Macher und Umsetzer.
- Ich habe eine gute Portion Humor, vor allem schwarzen Humor.

Das Feedback von Ariane, seinem Coach: »Die Betonung der Persönlichkeit liegt etwas zu stark im Beruflichen und im Machertum. Die fehlenden Ziele und Strategien sind für einen Macher wie Martin kein Ruhmesblatt.«

JOHNS ANTWORTEN

- *Wer und was bin ich als Mensch?*

Ich bin ein Mensch, der gern gestaltet und vor allem Ungewöhnliches schafft. Ich bin aber auch froh über Dinge, die ich erreicht habe und deren Zustand ich dann lange und gut konservieren möchte. Je älter ich werde, umso mehr tritt dieses Bewahren von Erreichtem in den Vordergrund.
Ich habe allerdings oft die Familie um der Karriere willen vernachlässigt. Das war besonders der Fall in meiner ersten und zweiten Ehe. Ich habe meine Kinder als oft abwesender Vater nur von ferne groß

werden sehen. Heute ist mir klar, was ich alles versäumt habe; aber man kann Dinge nicht rückwärts blickend verändern, man kann nur vorwärts blickend gestalten.
Ich bin gerne mit ganz unterschiedlichen Menschen zusammen, die aus völlig anderen Welten als der Finanzwelt kommen, zum Beispiel Künstlern, Philosophen, Sportlern, Klerikern, und dann noch aus verschiedenen Kulturkreisen. Ich habe einige gute Freunde in Entwicklungsländern, beispielsweise Afrika. Deren Philosophie, Zeitverständnis und Lebensprioritäten sind ganz anders als bei uns und das hat mir manchen Gedankenanstoß gegeben.

- *Wo komme ich her? Was hat mich zu dem gemacht, was ich heute bin?*

Ich bin in den USA geboren und komme aus einer gut situierten Familie. Meine Eltern hatten keine Mühe, mich auf die besten Universitäten in USA und Europa zu schicken (Harvard, Oxford, Fontainebleau). Während meiner Studienjahre in England und Frankreich habe ich meine Faszination für Europa, seine Kultur, seine Vielfalt und seine Vergangenheit entdeckt. Dann war es bis zur nächsten Entscheidung, meine Karriere in Europa zu machen, nicht mehr weit. Meine Stationen waren Mailand, Paris und London, mit längeren Aufenthalten in Schwarzafrika, aber immer im Finanzbereich, ich bin sozusagen ein Banker-Urgestein. Während dieser Zeit habe ich teilweise als Angestellter gearbeitet, dann selbstständig verschiedene Finanzinstitute aufgebaut und wieder verkauft. Was mich geprägt hat, war der Geist in meinem Elternhaus. Mein Vater sagte immer »Wenn du wirklich willst, kannst du alles im Leben erreichen.« Das stimmt, und beruflich habe ich das auch erreicht und mit viel Freude umgesetzt; aber privat, da schaut es nicht so aus ...

- *Was sind meine Werte, von denen ich unter keinen Umständen abweichen werde, egal, welche Lebensumstände sich ereignen?*

Ich bin ein Mensch mit humanistischen Idealen. Für mich kommt zuerst der Mensch und der Respekt vor dem Menschen. Erst danach kommt die Finanzwelt. Meine Werte sind Toleranz, auch für Andersdenkende, der unumstößliche Glaube an mich, meine Ideale und meinen Leistungswillen; davon weiche ich nicht ab. Sie haben mein bisheriges Leben geprägt und reich gemacht.

- *Was ist meine Mission? Wozu bin ich eigentlich auf der Welt? Was ist der Sinn meines Lebens?*

Der Sinn meines Lebens ist, zu beweisen, dass Menschlichkeit und Finanzwelt sich nicht ausschließen, sondern ein recht erfolgreiches und attraktives Paar bilden können.

- *Was ist meine Vision von mir als Mensch? Wer, was oder wie will ich in Zukunft sein? Was ist meine Idee von meinem höheren Selbst, das ich anstrebe?*

Meine Vision ist, dass ich für mich die gleichen Werte in meinem Privatleben realisiere, die ich beruflich erfolgreich umgesetzt habe.

- *Welche Ziele verfolge ich, um meine Mission zu erfüllen und meine Vision zu erreichen?*

Meine Ziele sind ganz klar: Langsames »Ausphasen« aus dem Finanzbusiness (mein Ziel ist es, bis 65 völlig ausgestiegen zu sein) und Aufbau eines neuen Lebensabschnittes mit Giuliana, wo wir beide gleichberechtigt unsere Interessen und Hobbys pflegen können.
»Tatsächlich gleichberechtigt?«, unterbricht ihn der Priester. »Giuliana steht ja erst vor dem Höhepunkt ihrer Karriere, oder heißt das, dass sie diese aufgeben soll?« John wird sehr nachdenklich und verspricht, demnächst mit ihr darüber zu reden.

- *Welche Strategien habe ich auf den Weg gebracht, um diese Ziele zu erreichen? Und das Ganze wenn möglich auch noch aufgeteilt in kurz-, mittel- und langfristig?*

Meine Strategien zum Aussteigen aus dem Finanzbusiness sind ganz klar: Abgabe von Aufgaben und Kompetenzen an jüngere Kollegen; Ausstieg aus einer Vielzahl von Ehrenämtern und Aufsichtsratsposten, die mir nur die Zeit stehlen. Was den privaten Bereich angeht, so habe ich noch keine Strategie entwickelt. Das würde ich gern mit Giuliana gemeinsam machen.

- *Welche meiner Schwächen hindern mich, meine Ziele und Strategien umzusetzen?*
- Sicher meine enorme Ungeduld, wenn Dinge nicht so funktionieren, wie ich es mir vorstelle.
- Dass ich immer schneller bin, als die Musik spielt.
- Dass ich Fehler und Details überbewerte.
- Dass ich bei mir und bei anderen zu perfektionistisch bin (das ist halt der Banker).
- Dass ich um des Erfolges willen auch mal die Zahlen schönfärbe.
- Im privaten Bereich habe ich des Öfteren meine Frauen betrogen. Ich bin nicht illoyal, aber ich habe mich oft durch die physische und intellektuelle Attraktivität von anderen Frauen zu Abenteuern hinreißen lassen. Viele dieser Affären bedaure ich, weil sie meine jeweiligen Ehefrauen sehr verletzt haben. Trotzdem gibt es Episoden in meinem Leben, die zwar nicht korrekt gegenüber meinen jeweiligen Ehefrauen waren, die mich aber nachhaltig geprägt haben. Ich hatte einmal eine amour fou mit einer Französin, mit der ich nicht nur eine leidenschaftliche Affäre hatte, sondern die mich in einer Art und Weise intellektuell herausgefordert hat, wie ich das nie zuvor und nie danach erlebt habe. Ihre Anregungen haben mich dazu gebracht, vieles in meinem Business in Frage zu stellen, von einer völlig neuen Seite zu sehen und komplett zu ändern.

- *Welche meiner Stärken können mir helfen, meine Ziele und Strategien umzusetzen?*
- Mein Erfolgswille und das Durchhaltevermögen sind sicher meine größten Stärken.
- Daneben noch meine humanistischen Ideale, dass der Mensch vor

dem Kapital kommt und dass die Finanzwelt dem Menschen dienen soll und nicht umgekehrt.
- Meine Fähigkeit, mit ganz unterschiedlichen Kulturen umgehen zu können und ihre Unterschiedlichkeit zum Projekterfolg zu nutzen.
- Ich bin ein guter Moderator und Mediator, wenn es darum geht, verschiedene Interessen zu bündeln.
- Ich liebe die Frauen, aber das hat oft Probleme bereitet. Dabei schätze ich Frauen mit ihrem Engagement im Beruf sehr; sie sind nicht auf die Macht, sondern auf die Sache, das Projekt, die jeweilige Aufgabe, fixiert.

Das Feedback seines Freundes: »Im Beruflichen ist John sicher in einem hohen Reifegrad angelangt, aber auf der persönlichen Ebene fehlt es an konkreten Ideen, außerdem hat er wenig Vorstellungskraft, wie das Leben nach seiner Pensionierung aussehen könnte.«

Alle drei Personen erhalten von ihren jeweiligen Freunden bzw. Coachs die Aufgabe, bis zur nächsten Sitzung ihre Analyse mit ihren jeweiligen Partnern oder einem anderen Menschen ihres Vertrauens durchzusprechen. Zielsetzung ist die Vermeidung des blinden Flecks und eventuell einige weiterführende Ergänzungen.

EMPFEHLUNGEN FÜR DEN ERSTEN SCHRITT

Am Beispiel von Caroline, Martin und John ist sicher klar geworden, dass im ersten Prozessschritt der betroffene Mensch in einer Art Diagnose mithilfe des Fragenkatalogs analysiert werden soll. Sie, liebe Leser, müssten jetzt in der Lage sein, die Fragen selbst zu beantworten. Aus didaktischen Gründen war in den drei Beispielen immer ein Freund oder ein Coach dabei, der die Menschen auch einmal unterbrochen und sie wieder auf die Fragen zurückgeführt hat, wenn sie vom Thema abgeschweift sind oder die Fragen nicht beantworten wollten.

Wenn Sie das jetzt zu Hause allein praktizieren wollen, ist auch das möglich. Versuchen Sie zunächst die Fragen allein zu beantworten. Wenn Sie unsicher sind, dann schauen Sie noch mal in die Antworten der drei Protagonisten sowie in die Anmerkungen der Coachs. In einigen Fällen ist es hilfreich, dass eine Person, die Sie gut kennt und der Sie vertrauen, diese Fragen und Antworten noch mal mit Ihnen durchgeht und Ihnen vielleicht auf die Sprünge hilft, dort wo Sie nicht weiterwissen. Klassischerweise sind dies die Fragen zu den Werten, den Stärken und Schwächen, da ein guter Freund Sie ausreichend kennt, um Sie hier entweder mit Fragen oder Kommentaren wie »So wie ich dich kenne, ist Aufrichtigkeit ein ganz wichtiger Wert für dich« zu unterstützen.

Ich wurde schon des Öfteren gefragt, ob es gut wäre, diese Analyse mit dem eigenen Ehe- oder Lebenspartner durchzuführen. Die Antwort ist nicht eindeutig ja oder nein. Es gibt Ehepaare, die sich als beste Freunde bezeichnen und die auch eine gewisse emotionale und fast therapeutische Distanz in einer solchen Übung einnehmen können. Sollten Sie zu dieser Gruppe gehören, dann versuchen Sie es mit Ihrem Partner. In den meisten Fällen ist dies allerdings schwierig, da der Lebenspartner Betroffener ist. Sollten Sie bereits Spannungen und Konflikte mit Ihrem Partner bezüglich der wesentlichen Fragen zur Lebensplanung haben, dann rate ich Ihnen, lieber einen guten Freund zurate zu ziehen.

Am Ende dieses Schrittes, wenn alle Fragen ehrlich beantwortet sind, sollen Sie sich die Frage stellen: »Wie lang muss der Zeithorizont für die Szenarien sein?« Auch hier gibt es keine Standardantwort. Es hängt von den Lebensumständen und den Veränderungsgeschwindigkeiten im eigenen

Leben und im Umfeld ab. Um es einfacher zu machen, kommen wir zurück auf unsere drei Beispielfälle.

Bei *Caroline* ändert sich in kurzen Zeitrhythmen sehr viel: Studienabschluss, erste Berufserfahrungen, eventuell Heirat und Familiengründung. Daher ist bei ihr ein Zeithorizont von zehn Jahren ausreichend. Warum zehn Jahre? Wenn sie diesen Zeitabschnitt wählt, kann sie sich entscheidende Veränderungen vorstellen. Wenn sie einen kürzeren Zeithorizont wählt, besteht die Gefahr, dass sie nicht genügend in die Zukunft und damit in weitreichende Veränderungen vordenkt.

Bei *Martin* ist in der Coachingsitzung intensiv über den Zeithorizont diskutiert worden. Er, der große Macher, der seine akuten Probleme gern sofort lösen will, hätte am liebsten einen ganz kurzen Zeithorizont. Sein Coach kann ihn aber davon überzeugen, dass gerade er einen längeren Zeithorizont braucht, um wirklich langfristige Veränderungen zu erkennen und vor allem um Distanz zu seinen akuten Problemen zu bekommen. Also einigt man sich nach langen Kämpfen auf 15 Jahre.

John hält die Frage nach dem Zeithorizont zunächst für überflüssig, weil er glaubt, wie viele andere Topmanager relativ bald durch den Pensionsschock zu Tode zu kommen. Darauf antwortet ihm der Priester Nomonde, dass er genau, um diesen Pensionsschock zu vermeiden, diese Übung machen sollte. Dann wird John wieder mutig und schlägt von sich aus zehn Jahre vor. »Warum zehn Jahre?«, fragt ihn Nomonde. »Na, wenn ich keinen Pensionsschock erlitten habe, habe ich wirklich ein neues Leben angefangen, und meine Giuliana ist dann auch schon 45 und will vielleicht etwas kürzer treten.«

2. Schritt: Einflussanalyse

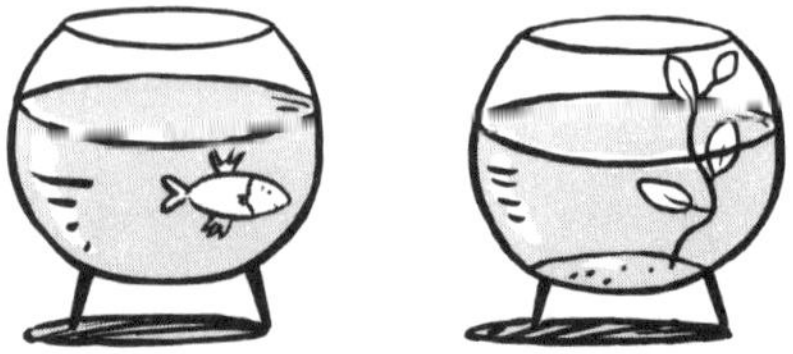

»Erinnert euch, meine Kinder, dass es nichts Beständiges gibt außer den Wandel.«

Buddha

Ziel dieses Schrittes ist es, die externe Umfeldsituation in der Gegenwart auszuleuchten und zu erkennen, wer und was einen Einfluss auf einen Menschen hat.

In der *Analyse der externen Ist-Situation* fragt man sich, in welches Umfeld das Thema eingebettet ist, und welche Faktoren und Kräfte einen Einfluss darauf haben. Nimmt man das Beispiel eines Unternehmens, dann wird schnell klar, dass es nicht autark ist, sondern in Wechselwirkung mit externen Faktoren wie Kunden, Wettbewerber, Lieferanten, Wirtschaft, Technologie, Gesellschaft und Gesetzgebung steht. Daher muss man sich diese Faktoren anschauen, ihre Ist-Situation analysieren, ihre Einflüsse und Wechselwirkungen erkennen und daraus erste Schlüsse ziehen. Wichtig ist hierbei auch zu erkennen, wer die treibenden und wer die eher getriebenen Faktoren sind. Treibende Faktoren sind solche, die die Spielregeln und das Spiel bestimmen. Beim Fußball ist das der Spielmacher, der bestimmt, ob man offensiv oder defensiv spielt. Wenn man weiß, wer in seinem Umfeld die treibende Kraft ist, kann man sich darauf einstellen und die

Verhaltensweisen des Spielmachers geschickt für die eigene Strategie nutzen.
Bleiben wir beim Beispiel von Caroline, Martin und John, um die Einflussbereiche festzulegen. Auf der Ebene der Bereiche sind sich alle drei, obwohl Menschen in unterschiedlichen Lebensphasen, sehr ähnlich. Ihre Einflussbereiche sind:

A Privates Umfeld
B Direktes berufliches Umfeld: Universität, Firma
C Branche
D Gesellschaft
E Wirtschaft
F Technologie
G Politik und Gesetzgebung

DIE METHODISCHEN SCHRITTE

Für jeden Einflussbereich müssen die Einflussfaktoren definiert werden, also: Was hat heute Einfluss auf den Einzelnen? Bei sehr vielen Einflussfaktoren kann man diese nach Wichtigkeit bewerten, dies ist aber nur eine Option und kein Muss.

Carolines Einflussanalyse

Einflussbereich A: Privates Umfeld

- Meine Eltern und ihr Druck auf mich, mein Studium gut zu beenden.
- Mein älterer Bruder, der nicht nur einen erfolgreichen Studienabschluss in Physik hingelegt, sondern auch noch einen tollen Job in der Entwicklungsabteilung einer großen Aeronautic-Firma in Frankreich bekommen hat. Er ist mein großes Vorbild.
- Mein Freund, ein Studienkollege, der ein Jahr weiter ist als ich und

der gerade für ein Jahr zum Studium nach USA geht. Er versucht mich zu überreden, mit nach USA zu kommen; aber ich bin noch unsicher.

Einflussbereich B: Mein direktes berufliches Umfeld, die Universität

- Die Anforderungen des Studienganges, Semesterarbeiten, Scheine, Zwischenprüfungen.
- Die studentischen Aktivitäten wie:
  - soziales und ökologisches Engagement;
  - die Organisation von Ferienarbeit;
  - die Organisation von Konferenzen der Uni (dies wird völlig autonom von uns Studenten durchgeführt und bedeutet eine Menge Arbeit, von der Verpflichtung und Vorbereitung der Referenten, dem Marketing, um Teilnehmer aus der Wirtschaft zu bekommen bis hin zum Sponsoring der Namensschilder und der Pausengetränke durch Firmen der Region).

Einflussbereich C: Meine Branche

- Die Parfum- und Kosmetikbranchen, für die ich mich interessiere, mit ihren internationalen Aktivitäten.
- Eventuell die Umweltbranche, speziell umweltorientierte Services.

Einflussbereich D: Gesellschaft

- Die Anforderungen der Gesellschaft an uns Junge, zum Beispiel die Renten zu finanzieren.
- Die Anforderungen, dass wir Leistungsträger sind und die Wirtschaft in Schwung bringen.
- Das Wertekaleidoskop: gute Staatsbürger und Europäer zu sein vs. Individualismus und Selbstverwirklichung.

Einflussbereich E: Wirtschaft

- Die konjunkturelle Entwicklung in Frankreich und in Europa.

- Die Entwicklung des Arbeitsmarktes in Europa und eventuell in USA und Asien.

Die übrigen Einflussbereiche wie Technologie und Politik und Gesetzgebung sind für Caroline noch nicht relevant, da sie noch nicht weiß, in welcher Branche sie später einmal arbeiten wird.

Martins Einflussanalyse

Einflussbereich A: Privates Umfeld

- Meine Frau, meine Kinder und ihre Anforderungen an mich als Ehemann und Vater. Und nicht zu vergessen mein Hund, der seine Spaziergänge mit seinem Herrchen einfordert.
- Meine Eltern und Schwiegereltern, die immer öfter Unterstützung bei familiären Angelegenheiten einfordern und sich beklagen, dass ich nicht so verfügbar bin, wie sie es wünschen.
- Meine Freunde, die gerne öfter, als ich es kann, etwas mit mir unternehmen möchten.

Einflussbereich B: Mein direktes berufliches Umfeld, die Firma

- Die Geschäftsleitung meiner Firma, die ständig Innovationen, beste Ergebnisse fordert, und das seit Jahren von mir gewöhnt ist, ist in der jetzigen Phase der Unsicherheit überhaupt keine Hilfe. Die Informationen aus der Führungsetage sind eher spärlich und sorgen mehr für Unruhe als für klare Aussichten.
- Meine Mitarbeiter liegen mir dauernd in den Ohren, weil sie auch nicht wissen, wie es weitergeht, weil sie Angst um ihren Arbeitsplatz haben. Ich bin so richtig in der Sandwichposition und bekomme Druck von allen Seiten; und das schlägt mir auf den Magen.

Einflussbereich C: Meine Branche und ihr Umfeld

- In meiner Branche ist das große Standortverlagern und Reduzieren der Firmen bzw. Aufkaufen und Fusionieren angesagt.
- »Branche« sollte ich vielleicht weiterdenken, zum Beispiel Entwicklung bei meinen Kunden, meinen Lieferanten und Geschäftspartnern; da gibt es schon noch einige, denen es gut geht.

Einflussbereich D: Gesellschaft

- Gesellschaftliche Einflüsse, das ist nicht so einfach. Ach ja, doch: Man erwartet ein gewisses gesellschaftlich konformes Verhalten von jemandem wie mir und meiner Familie.
- Anforderungen an umwelt- und bürgerkonformes Verhalten in unserer kleinen, etwas spießigen bayerischen Gemeinde, wo jeder ein Auge auf jeden hat, damit nur ja keiner aus der Reihe tanzt.

Einflussbereich E: Wirtschaft

- Die Konjunkturlage allgemein in Deutschland und Europa.
- Die Konjunktur meiner Branche im weitesten Sinne.
- Die Standorttrends in Europa und weltweit.
- Die Globalisierung mit allen ihren positiven und negativen Effekten.

Einflussbereich F: Technologie

- Die Trends zur weiteren Miniaturisierung im Maschinenbau statt Großtechnologie.
- Die Beschleunigung der Innovationsprozesse im Maschinen- und Anlagenbau.
- Roboterisierung und Substitutionstechnologien.

Einflussbereich G: Politik und Gesetzgebung

- Standortrelevante Gesetze (Umweltauflagen, Lohn- und Lohnnebenkosten etc.).

- Technische Normen und Regelungen, ISO etc.
- Wettbewerbsrechtliche Regelungen.
- Produkthaftung.

Je ferner vom Privatleben, umso einfacher tut sich Martin mit der Einflussanalyse. Dies zeigt wieder seine überproportionale Orientierung auf das Berufliche, wie sein Coach anmerkt.

Johns Einflussanalyse

Einflussbereich A: Privates Umfeld

- Meine Frau mit ihren Karrieremöglichkeiten außerhalb UK.
- Ihr Anspruch an ein Leben mit mir: gemeinsames Reisen, Museums- und Konzertbesuche.
- Meine Kinder, die eigentlich zu wenig von mir wollen – das nagt schon an mir.
- Meine Freunde, die sich auf mehreren Kontinenten befinden und die sich beklagen, dass wir uns zu wenig sehen.

Einflussbereich B: Mein direktes berufliches Umfeld, die Bank

- Das Großprojekt, das einen großen Teil meiner Zeit beansprucht, ein neues Strategie-Monitoringkonzept.
- Die Tagesgeschäfte und der damit verbundene Verwaltungsaufwand beeinflussen mich noch zu stark.
- Das neue Fusionsprojekt mit einer anderen Bank absorbiert den größten Teil meiner Energie.

Einflussbereich C: Meine Branche oder das weitere berufliche Umfeld

- Die Branchenvereinigungen und -klubs, die von mir nicht nur Präsenz, sondern auch Führung und Ideen verlangen.

- Ein neues, von mir initiiertes Institut zur Weiterbildung der jungen Bankmanager, wo ich auch Vorlesungen und Seminare halte.
- Die internationalen Gruppierungen, Beiräte und Initiativen, die viel Reisen verlangen.

Einflussbereich D: Gesellschaft

- England ist immer noch sehr klassenbewusst, und man erwartet, dass Menschen in bestimmten Positionen sich bei ausgewählten Anlässen zeigen.
- Der Druck, mich mit meiner Frau zu zeigen, die dann allerdings meistens durch Abwesenheit glänzt.
- Die Erwartung an einen gewissen Lebensstil an jemanden in meiner Position, zum Beispiel Empfänge zu geben etc.

Einflussbereich E: Wirtschaft

- Die konjunkturelle Entwicklung in Europa und den USA.
- Die Investmentquote von institutionellen und privaten Anlegern.
- Globalisierung und Standorttrends weltweit.
- Blockbildungen weltweit.

Einflussbereich F: Technologie

- Alles, was mit bankrelevanter Informationstechnik zu tun hat.
- Technologien, die nachhaltige Entwicklungen fördern.

Einflussbereich G: Politik und Gesetzgebung

- Die gesamte EU- und bankrelevante Gesetzgebung ... und das sind eine Menge Vorschriften.
- Umgang mit Schulden in der Dritten Welt (Erlass, neue Modelle).
- Gatt – und andere handelsrelevante Regelungen.

Das sieht nach einer profunden Ist-Analyse aus. Sein Freund und Coach, Priester Nomonde, hat dem nichts mehr hinzuzufügen.

Empfehlungen zu Schritt 2

Hier kommt es darauf an, an die Einflüsse von außen zu denken und nicht von innen. Was heißt das? Sie müssen sich die Frage stellen: »Was wirkt wie von außen auf mich?« Die Frage lautet nicht: »Wie beeinflusse ich meine Umwelt?« Man muss sich selbst sozusagen aus der Betrachtung herausziehen.

Beim privaten und direkten beruflichen Umfeld ist es noch relativ einfach, die Faktoren zu ermitteln. Schwieriger wird es, wenn man Wirtschaft, Technologie und Politik betrachtet. Hier hilft nur eine gründliche Recherche, damit die Analyse nicht auf falschen Faktoren fußt.

Bei der Frage »Wer ist die treibende Kraft oder der Spielmacher?« kann man umfangreiche Systemanalysen durchführen, wie Unternehmen das üblicherweise tun. Im Fall eines einzelnen Menschen reicht es aus, sich zu fragen: »Welcher Bereich hat den stärksten Einfluss auf alle anderen Bereiche?« Dabei wird sehr schnell klar, dass das private Umfeld sicher nicht die treibende Kraft ist, sondern eher ein Bereich wie Wirtschaft, Technologie und Gesellschaft, je nach Person und Lebensphase.

3. Schritt: Projektionen

»Es ist besser, ungefähr richtig, als exakt falsch zu liegen.«

Lee Iacocca

Ziel dieses Schrittes ist es, mutige Annahmen für die Zukunft zu treffen, Alternativen zu erkennen und sich mit ihnen couragiert auseinander zu setzen.
Nachdem man sich in zwei Schritten intensiv mit der Gegenwart beschäftigt hat, kommt jetzt der spannende Part der *Projektionen*, wo man sich der Zukunft oder besser den Zukünften widmet. Das mag zwar für viele unbefriedigend sein, weil man doch zu gerne wüsste, wie die Zukunft aussieht. Andererseits ist es gut, dass wir es nicht wissen, weil wir sonst vielleicht fatalistisch würden und unsere Gestaltungsmöglichkeiten nicht mehr wahrnehmen könnten. Jetzt geht es also darum, mit Neugier und Offenheit Zukunftsmöglichkeiten herauszuarbeiten. Dabei ist es wichtig, nicht nur in wünschenswerten Kategorien zu denken, sondern völlig neue und ungewöhnliche Denkdimensionen zuzulassen.
Ein Unternehmen sollte beispielsweise daran denken, dass sein Markt nicht nur wächst, sondern eventuell schrumpft oder durch etwas Neues ersetzt wird. Die Produkte »Autokredit« und »Autoversicherung« werden immer weniger von den Finanzdienstleistern Banken und Versicherungen ange-

boten, sondern in den Komplettservice des Mobilitätsanbieters integriert. Die Funktion gibt es nach wie vor, aber viele Banken und Versicherungen haben diese Produktsparte aufgegeben. Ein Mensch, der seine berufliche Zukunft entwickeln will, sollte nicht nur daran denken, welche Karrieresprünge vor ihm liegen, sondern sich auch die Frage stellen: »Und was ist, wenn ich meinen Arbeitsplatz verliere?« Das heißt nicht, dass man Schwarzmalerei betreiben sollte, sondern es bedeutet, die ganze Palette der Möglichkeiten in Betracht zu ziehen. Nur wenn man in der Lage ist, die Umfeldentwicklungen in Alternativen zu sehen, dann ist man später auch fähig, damit umzugehen. Wenn man allerdings von vornherein Zukunftsmöglichkeiten, die eher unangenehm sind, ausschließt, dann ist man auch später nicht in der Lage, sie zu meistern.

Ein einfaches Beispiel hierzu: Wenn man vor einer Prüfung steht und davon ausgeht, dass diese sehr schwer sein wird, dann wird man sich üblicherweise gut darauf vorbereiten. Damit hat man die Chance, diese Prüfung zu bestehen, unabhängig davon, ob sie schwer oder leicht ist. Geht jemand allerdings davon aus, dass die Prüfung leicht ist, und bereitet er sich nur oberflächlich darauf vor, dann besteht er sie nicht, wenn sie schwerer ist als erwartet. So ist das auch mit dem Vordenken in Alternativen: Es kann auf keinen Fall schaden, sich mit harten oder unangenehmen Alternativen vor ihrem Eintreten auseinander zu setzen. Dann ist man später in der Lage, sie zu meistern und vielleicht sogar noch einen neuen Nutzen daraus zu ziehen.

Dabei ist es wichtig, wann immer man unsicher ist, in Alternativen für die Zukunft zu denken, und zwar auch in solchen, die einem nicht so genehm sind. Daher lautet die Devise jetzt: Mut zu völlig neuen Situationen, Veränderungen und damit Mut zur Zukunft.

VORAUSSETZUNGEN FÜR ERFOLG VERSPRECHENDE PROJEKTIONEN

Zunächst müssen die Einflussfaktoren aus Schritt 2 in neutrale Deskriptoren umformuliert werden. Ein Deskriptor ist ein neutral formierter Einflussfaktor, der mehrere Einflussfaktoren umfassen kann. Ein Deskriptor muss neutral formuliert sein, weil nur eine neutrale Formulierung eine größtmögliche Zukunftsoffenheit garantiert. Bei den Projektionen muss man sehr weit »aufmachen«, um wirklich die Veränderungen zu erfassen. Man darf also nicht zu ängstlich sein, sonst verpasst man die Zukunft. Wenn man in Alternativen für die Zukunft denkt, müssen diese fundiert begründet sein. Denn schlüssige Begründungen sind das einzige Qualitätskriterium für Zukunftsaussagen.

Kommen wir zurück zu Caroline, Martin und John, die uns mit ihren Erfahrungen helfen sollen, unseren eigenen Weg zu gehen. Alle drei müssen ihre Projektionen beschreiben, wobei wir solche mit ähnlichen Aussagen zusammenfassen und aus Gründen der Komplexität nicht alle Einflussfaktoren in die Zukunft projizieren.

DIE PROJEKTIONEN VON CAROLINE

Einflussbereich	**Privates Umfeld**
Deskriptor	Die Entwicklung meiner Familie
Projektion A	A: Familie mit engen Beziehungen
Begründung für die Projektion A	A: Mediterrane Tradition des Familienzusammenhalts; alle kümmern sich um einen, aber sie mischen sich auch in alles ein und geben ungefragte Ratschläge

Projektion B	B: Postmoderne Familie – jeder lebt für sich und seine individuellen Interessen
Begründung für die Projektion B	B: Die jungen Leute sind in alle Winde verstreut durch ihre Berufe; der Familienzusammenhalt zerfällt, weil jeder seine Freiheit ausleben will
Deskriptor	Mein eigenes privates Umfeld (Freunde, eigene Familie)
Projektion A	A: Lockere unverbindliche Beziehung
Begründung für die Projektion A	A: Zeit noch nicht gekommen für eine feste Bindung und Familiengründung, Beruf und Karriere stehen im Vordergrund
Projektion B	B: Feste Bindung und Familiengründung
Begründung für die Projektion B	B: Passender Partner gefunden; Vereinbarkeit mit Karriere gegeben oder Karriere zurückgestellt
Einflussbereich	**Direktes berufliches Umfeld**
Deskriptor	Entwicklung des universitären Umfeldes
Projektion A	A: Attraktive Karrierechancen an der Uni
Begründung für die Projektion A	A: Reformen haben stattgefunden, größere Durchlässigkeit zwischen Uni und Unternehmen; attraktive Aufgaben und Projekte im universitären Rahmen
Projektion B	B: Wenig Änderung an der Uni
Begründung für die Projektion B	B: Reformen sind nur unzureichend oder gar nicht umgesetzt worden wegen bürokratischer Hindernisse

Einflussbereich	**Branchenumfeld**
Dekriptor	Entwicklung der Unternehmensstrukturen
Projektion A	A: Global Player dominieren den Markt
Begründung für die Projektion A	A: Finanzstärke ist wichtiger als Innovation; Märkte werden gekauft
Projektion B	B: Flexible virtuelle Netzwerke dominieren
Begründung für die Projektion B	B: Innovation, Schnelligkeit und permanente Veränderung können nur von agilen Netzwerken gemanagt werden

MARTINS PROJEKTIONEN

Einflussbereich	**Privates Umfeld**
Deskriptor	Die Entwicklung meiner Familie (meine Frau, meine Kinder)
Projektion A in 15 Jahren	A: Die Familie gibt es noch, aber mit erwachsenen Kindern, die schon aus dem Haus sind
Begründung für die Projektion A	A: Familienzusammenhalt, unterstützt durch alle Familienmitglieder; keine größeren Konflikte und Brüche
Projektion B in 15 Jahren	B: Die Familie zerbricht, jeder geht seine eigenen Wege, findet einen neuen Partner
Begründung für die Projektion B	B: Die Krisen können nicht gemeinsam bewältigt werden, der äußere und innere Stress wird zu groß; ökonomische Probleme wie Arbeitslosigkeit forcieren die Krise

Deskriptor	Mein weiteres privates Umfeld (Freunde, weitere Familie)
Projektion A in 15 Jahren	A: Anforderungen und Austausch werden enger
Begründung für die Projektion A	A: Nach langen Jahren weiß man, was man an Familie und Freunden hat; Freunde und Familie geben immer wieder neue Impulse, helfen in Krisensituationen
Projektion B in 15 Jahren	B: Auflösung der alten Bindungen; Entstehen neuer projektorientierter Bindungen
Begründung für die Projektion B	B: Auch Familie und Freundschaft werden immer mehr nach Erfolgs- und Projektkriterien gemanagt
Einflussbereich	**Direktes berufliches Umfeld**
Deskriptor	Entwicklung meines Unternehmens
Projektion A in 15 Jahren	A: Krise gelöst: Das Unternehmen hat einen starken Partner gefunden
Begründung für die Projektion A	A: Attraktivität der Firma hat einen guten Investor überzeugt, der die Firma unterstützt, Innovationen fördert und weiter investiert
Projektion B in 15 Jahren	B: Mein Unternehmen gibt es nicht mehr
Begründung für die Projektion B	B: Trotz aller Anstrengungen hat das Unternehmen keinen Investor gefunden. Die Filetstücke werden verscherbelt und unterschiedlichen Unternehmen zugeordnet. Es bleibt nichts mehr übrig; die Firma und die Marke verschwinden vom Markt wie Triumph Adler, AEG und andere einst re-

	nommierte deutsche Unternehmen (hier muss Martin schlucken und mit seinen Emotionen kämpfen)
Einflussbereich	**Branchenumfeld**
Deskriptor	Entwicklung der Unternehmensstandorte
Projektion A in 15 Jahren	A: Zurück nach Europa
Begründung für die Projektion A	A: Europa hat seine Wettbewerbsfähigkeit erheblich gesteigert durch unternehmerfreundliche Gesetzgebung und eine Ausbildung, die Unternehmensgründungen fördert
Projektion B in 15 Jahren	B: Neue Märkte weltweit
Begründung für die Projektion B	B: Asien und Lateinamerika haben sich wirtschaftlich entwickelt und sind zu den attraktivsten Investitionsstandorten weltweit geworden (wachsende Märkte, gut ausgebildete Mitarbeiter mit geringerem Lohnkostenniveau)
Einflussbereich	**Gesellschaft**
Deskriptor	Entwicklung des Einflusses der Heimatgemeinde
Projektion A in 15 Jahren	A: Die lokale Gemeinde bestimmt das soziale Leben
Begründung für die Projektion A	A: Vorgaben und Erwartungen an unser Verhalten diktieren das Engagement in der Gemeinde; man erwartet ein Engagement, das mehr ist, als die Familie leisten kann
Projektion B in 15 Jahren	B: Das soziale Leben wird von einer virtuellen Gemeinde bestimmt

Begründung für die Projektion B	B: Lokale Bindungen haben sich völlig aufgelöst; man lebt und kommuniziert weltweit mit den Menschen, mit denen man gemeinsame virtuelle Interessen teilt; die physische Nähe spielt keine Rolle mehr
Einflussbereich	**Wirtschaft**
Deskriptor	Konjunktur in Deutschland
Projektion A in 15 Jahren	A: Konjunkturbelebung
Begründung für die Projektion A	A: Konjunktur zieht an auf der Basis eines radikalen Reformkurses: unternehmerfreundliche Gesetzgebung und Ausbildung der Jungen in Richtung Eigenständigkeit
Projektion B in 15 Jahren	B: Deutschlands Wirtschaft geht bergab
Begründung für die Projektion B	B: Die europäischen und speziell die deutsche Volkswirtschaft werden massiv von den Asiaten (China und Indien) bedroht
Deskriptor	Branchenkonjunktur im Maschinenbau
Projektion A in 15 Jahren	A: Der Maschinenbau im klassischen Sinn existiert nicht mehr
Begründung für die Projektion A	A: Elektronik hat den klassischen Maschinenbau abgelöst; alles ist nur noch Elektronik
Projektion B in 15 Jahren	B: Der Maschinenbau hat sich mit neuen Technologien erweitert und ist wieder wettbewerbsfähig
Begründung für die Projektion B	B: Die Maschinenbaufirmen haben den Zug der Zeit erkannt und sich rechtzeitig umgestellt; große Investitionen, da attraktives Business

Einflussbereich	**Technologie**
Deskriptor	Neue Technologien im Maschinenbau
Projektion A in 15 Jahren	A: Optimierung und Miniaturisierung der vorhandenen Technologien
Begründung für die Projektion A	A: keine innovativen Sprünge, Investition der Forschungs- und Entwicklungsinstitute und der Industrie in anderen Schlüsselbranchen
Projektion B in 15 Jahren	B: Revolutionäre neue Technologien, zum Beispiel Integration von Biochips
Begründung für die Projektion B	B: Verschmelzung der Hardware mit Software abgeschlossen; neue Impulse kommen von einer dynamischen Biotechnologie, die in andere Bereiche eindringt; zum Beispiel IT, Kommunikation, Maschinenbau und andere

JOHNS PROJEKTIONEN (NUR IN ERGÄNZUNG ZU DEN VORHERIGEN)

Einflussbereich	**Privates Umfeld**
Deskriptor	Meine Partnerin mit ihren Karriereambitionen
Projektion A in 10 Jahren	A: Giuliana ist erfolgreiche Geschäftsfrau und Leiterin einer Firma in Italien
Begründung für die Projektion A	A: Starker Wille zum Erfolg, gute Marktkenntnisse und Geschäftsverbindungen in Italien; Unterstützung der Familie
Projektion B in 10 Jahren	B: Giuliana ist aus dem Business ausgestiegen und will das Leben genießen (Reisen, Konzerte, Museen ...)

Begründung für die Projektion B	B: Der Spagat zwischen dem Wohnsitz in London und der Firma in Italien wurde ihr zu stressig und daher hat sie sich gegen ihre Ambitionen entschieden
Deskriptor	Meine Kinder und ihr Verhältnis zu mir
Projektion A in 10 Jahren	A: Business as usual: Die Kinder haben kein Interesse an einem Kontakt
Begründung für die Projektion A	A: Eigene Interessen und kein emotionaler noch sonstiger Nutzen durch den Kontakt zum Vater *»Das klingt aber sehr hart und verbittert«, wirft Nomonde ein. »Entspricht aber den Tatsachen, und damit muss ich mich abfinden«, erwidert John.*
Projektion B in 10 Jahren	B: Ein familiärer Neuanfang
Begründung für die Projektion B	B: Die Kinder wollen ihr eigenes Leben besser verstehen, indem sie nach den Wurzeln suchen. Die Enkelkinder fragen eventuell nach dem Großvater; man betreibt Ahnenforschung, wie es gerade in den USA und England Mode geworden ist
Einflussbereich	**Weiteres berufliches Umfeld**
Deskriptor	Branchenvereinigungen international
Projektion A in 10 Jahren	A: Virtuelle bis gar keine Kontakte
Begründung für die Projektion A	A: Die Branchenvereinigungen haben wenig Interesse an nicht mehr Aktiven; neue Entwicklungen erfordern neue Kontakte; Erfahrung ist weniger gefragt

Projektion B in 10 Jahren	B: Intensive und zeitaufwendige Kontakte erwünscht
Begründung für die Projektion B	B: Kosmopolitische und Branchenerfahrungen werden geschätzt und im Coaching für Nachwuchskräfte eingesetzt
Deskriptor	Bankmanager-Weiterbildungsinstitut
Projektion A in 10 Jahren	A: Virtuelles Weiterbildungsinstitut
Begründung für die Projektion A	A: Know-how und Informationen können wesentlich besser auf virtuellen Plattformen gespeichert, aktualisiert und vermittelt werden, dank modernster IT
Projektion B in 10 Jahren	B: Klassisches Weiterbildungsinstitut im MBA-Stil, aber globaler und moderner
Begründung für die Projektion B	B: Wenig fundamentale Änderung in der Weiterbildung; Institutionen und Arbeitgeber setzen auf bewährte Methoden, aber mit neuen Inhalten
Einflussbereich	**Wirtschaft**
Deskriptor	Wirtschaftsmodelle
Projektion A in 10 Jahren	A: Kapitalismus setzt sich mehrheitlich durch
Begründung für die Projektion A	A: Kapitalismus motiviert durch persönlichen Erfolg und Profit; jeder träumt davon, reich zu werden, auch in Dritte-Welt-Ländern; wer etwas leistet, hat Chancen, zu Wohlstand zu kommen; keine bessere Wirtschaftsform gefunden
Projektion B in 10 Jahren	B: Neue Modelle wie Fair Trade, nachhaltige Entwicklung durchgesetzt

Begründung für die Projektion B	B: Globalisierung und Kapitalismus haben die Natur immer weiter zerstört und die Armen noch ärmer gemacht. Daher haben staatliche Initiativen weltweit nach neuen, gerechteren und nachhaltigen Modellen gesucht, die zunächst in Pilotprojekten und später auf breiter Basis durchgesetzt wurden

EMPFEHLUNGEN ZU SCHRITT 3

Die vorherigen Projektionen lassen vermuten, dass der Schritt 3 – wenn man ihn fertig erstellt vor sich sieht – relativ einfach ist. Aber das täuscht. Im Folgenden möchte ich Sie auf einige typische Fallgruben aufmerksam machen:

- *Unzureichende Vorbereitung.* Bei der Erarbeitung von Zukunftsalternativen, speziell in Feldern wie Wirtschaft, Technologie, Politik und Gesellschaft, ist es ratsam, sich vorher Gedanken zu machen und Informationen über künftige Entwicklungen zu recherchieren. Ansonsten läuft man Gefahr, dass sowohl Projektionen als auch ihre Alternativen zu allgemein und zu oberflächlich werden. Dank Internet sollte das aber heute kein Problem mehr sein. Es liegt also nur an der Initiative jedes Einzelnen.
- *Keine echten (die eine* oder *die andere Entwicklung) Alternativen für die Zukunft.* Ein Beispiel erklärt am besten, was damit gemeint ist:
  Die Aussage »starkes oder weniger starkes Wachstum« beinhaltet keine echte Alternative, sondern nur Varianten der Grundaussage »Wachstum«. In beiden Fällen wird also Wachstum unterstellt. Richtig muss es heißen: Wachstum *oder* Rückgang als Alternativen. Dies sind zwei wirklich divergierende Aussagen.

- *Beschreibungen des Zukunftszustandes in den Begründungen für die jeweiligen Projektionen* anstelle klarer Aussagen, warum die eine oder andere Alternative eintreten könnte. Hier hilft nur die Frage: Was führt zu diesem oder jenem Zukunftszustand?
- *Konsequenzen der Zukunftsalternativen statt Begründungen.* Hier helfen die Fragen: Was führt zu diesem oder jenem Zukunftszustand? Welche treibenden Faktoren ermöglichen diesen Zukunftszustand?
- Ein anderer klassischer Fehler ist die *zu große Nähe am Ist-Zustand* oder schlicht die *Fortschreibung der heutigen Situation.* Hier muss man sich immer wieder vor Augen führen, welche Veränderungen in zehn oder mehr Jahren auftreten können. Wenn Ihnen die Vorstellungskraft fehlt, dann hilft oft eine so genannte Retrospektive. Man geht dabei den gleichen Zeitraum in die Vergangenheit zurück, den man in die Zukunft springen will. Dabei wird sehr schnell klar, dass vor zehn Jahren vieles ganz anders war als heute. Das gilt für das private sowie das berufliche Umfeld und besonders für Bereiche wie Politik, Technik und Gesellschaft. Die deutsche Wiedervereinigung, der Siegeszug von Internet und Mobilkommunikation, die Fortschritte in Gentechnik, Reproduktionsmedizin, der Aufstieg Chinas – all das sind relativ junge Entwicklungen. Sie zeigen, welche gewaltigen Veränderungen in einem kurzen Zeitraum möglich sind. Im Nachhinein findet man diese Veränderungen oft gar nicht mehr so dramatisch, aber sie vorzudenken hat in gewisser Weise revolutionären Charakter.

Zusammengefasst lässt sich sagen, dass Projektionen einer guten Information und Vorbereitung bedürfen. Sollten Sie keine ausreichenden Informationen finden, müssen Sie dies durch Ihre eigene Vorstellungskraft und Kreativität kompensieren. Dies ist eine erste Übung für Ihre Kreativität, um in neuen und ungewöhnlichen Dimensionen zu denken, aber nicht bei sich selbst, sondern im Umfeld. Ungewöhnliches Denken im Umfeld ist wesentlich leichter, als damit bei sich selbst zu beginnen. Sie kennen das sicher: Man kann einem befreundeten Paar gute Ratschläge zur Lösung ihrer Eheprobleme geben, ohne in der Lage zu sein, diese auf sich selbst anzuwenden.

4. Schritt: Alternativenbündelung

»Ein Bogenschütze soll nicht hin und wieder treffen, sondern hin und wieder danebenschießen.«

Seneca

Nachdem man die verschiedensten Veränderungen im Umfeld in Alternativen vorgedacht hat, kommt die *Alternativenbündelung.* Man muss die vorher entwickelten Annahmen so

bündeln, dass so genannte konsistente, also widerspruchsfreie und in sich stimmige Szenarien oder Zukunftsbilder entstehen. Szenarien müssen widerspruchsfrei und stimmig sein, weil ein in sich widersprüchliches Szenario von den Bearbeitern oder Betroffenen weder akzeptiert noch mit Konsequenzen versehen werden kann. Sind Szenarien dagegen in sich logisch, auch wenn sie Aspekte enthalten, die vielleicht bedrohlich wirken, dann nehmen die Betroffenen diese Szenarien ernst und lernen, damit umzugehen.
Dieser Schritt ist sehr analytisch und logisch, und man darf nicht in die Denkfalle von »schwarz – weiß« oder »optimistisch – pessimistisch« geraten. Hier geht es nur darum, dass eine stringente Logik erhalten bleibt.
Zum besseren Verständnis ein Szenariogerüst aus der Bankenwelt: boomende Wirtschaft, Liberalisierung der europäischen Bankenwelt einerseits, andererseits verschärfter Wettbewerb durch Non- und Nearbanks (wegen Liberalisierung). Dieses Szenario enthält eine Mischung aus positiven und negativen Elementen für eine Bank und ist gleichzeitig sehr logisch und konsistent.

Schauen wir uns im Folgenden die Alternativenbündelungen von Caroline, Martin und John an. Sie wurden etwas gekürzt, um den Prozess einfacher zu gestalten.

DIE ALTERNATIVENBÜNDELUNG VON CAROLINE

Bereich	Deskriptor	Szenario A	Szenario B
Wirtschaft	Standortentwicklung in Europa	Verlagerung nach Osten und Süden und außerhalb der EU	Polyzentrische Standortverteilung

Bereich	Deskriptor	Szenario A	Szenario B
	Entwicklung der Unternehmensstrukturen	Global Player	Flexible virtuelle Netzwerke
Berufliches Umfeld	Universitäre Entwicklung	Attraktive Möglichkeiten	Universität unattraktiv
	Arbeitsmarkt EU	Arbeitsplatzabbau in der EU, Aufbau in China, Indien etc.	Neue Arbeitsmöglichkeiten (Start-ups, Freelancer ...)
Privates Umfeld	Meine Herkunftsfamilie	Enger Familienzusammenhalt	Postmoderne egozentrierte Familie
	Meine Freunde und eigene Familie	Feste Bindung und Familiengründung	Lockere, unverbindliche Beziehung

Das, was in dieser Tabelle so klar und einfach aussieht, bedarf in der Realität einiger Überlegungen. Wichtig ist es dabei, dass nicht Wunschvorstellungen die Kombinationen bestimmen, sondern nur das logische Zusammenpassen. An dieser Stelle hat Caroline etwas mit sich gerungen und ihre Freundin hat ihr mehrere Male auf die Sprünge helfen müssen. Aber letztendlich haben die beiden Grundstrukturen für Szenarien entwickelt, die in den weiteren Schritten das Gerüst bilden.

DIE ALTERNATIVENBÜNDELUNG VON MARTIN

Bereich	Deskriptor	Szenario A	Szenario B
Wirtschaft	Konjunktur in Deutschland	Konjunkturbelebung in Deutschland und Europa	Deutschlands Wirtschaft geht bergab
	Branchenkonjunktur Maschinenbau	Maschinenbau existiert nicht mehr	Maschinenbau wieder wettbewerbsfähig
Branchenumfeld	Unternehmensstandorte	Zurück nach Europa	Neue Märkte weltweit
Technologie	Technologien, Maschinenbau	Revolutionär neue Technologie	Optimierung und Miniaturisierung
Gesellschaft	Einfluss der Heimatgemeinde	Virtuelle Gemeinde bestimmt das soziale Leben	Lokale reale Gemeinde bestimmt das soziale Leben
Berufliches Umfeld	Mein Unternehmen	Mein Unternehmen existiert nicht mehr	Relaunch mit starkem Partner
Privates Umfeld	Entwicklung meiner Familie	Familie gibt es noch, aber Kinder sind aus dem Haus	Familie zerbricht

Dieser Schritt war für Martin nicht ganz einfach, besonders die Kombination der Alternativen »Familie zerbricht« und »Mein Unternehmen existiert nicht mehr« war emotional sehr schwer für ihn, als Möglichkeit zu akzeptieren. Aber sein Coach hat nicht lockergelassen und ihm klar gemacht, dass er sein Leben besser gestalten kann, wenn er sich jetzt virtuell mit diesen unangenehmen Dingen auseinander setzt, als sie zu ignorieren und dann später eventuell tatsächlich damit konfrontiert zu werden. Sollten diese unangenehmen Optionen nicht auftreten, ist es trotzdem von Vorteil, sich damit zu beschäftigen. Denn irgendwann gibt es in jedem Leben Brüche und unangenehme Situationen. Wenn man bereits gelernt hat, was man im Falle X tun könnte, und in einer ruhigen Situation kritische Entwicklungen durchgespielt hat, dann sind die Chancen besser, damit fertig zu werden, falls sie wirklich eintreten.

DIE ALTERNATIVENBÜNDELUNG VON JOHN

Bereich	Deskriptor	Szenario A	Szenario B
Wirtschaft	Wirtschaftsentwicklung in Europa	Europa verliert gegenüber den aufstrebenden Volkswirtschaften China und Indien	Europa gewinnt durch tief greifende Reformen und unternehmerisches Denken
	Wirtschaftsentwicklung in den USA	Die USA verlieren (Wirtschaftsmacht nach Asien verlagert)	Die USA werden stärker (Reformen und Wiederbelebung des unternehmerischen Denkens)
Weiteres berufliches Umfeld	Branchenvereinigungen	Virtualität dominiert	Intensive und zeitaufwendige Kontakte
	Bankmanager-Weiterbildungsinstitut	Virtuelles Institut	Institut im MBA-Stil

Bereich	Deskriptor	Szenario A	Szenario B
Privates Umfeld	Meine Partnerin	Ist in Italien fest etabliert	Ist ausgestiegen
	Meine Kinder	Ein familiärer Neuanfang	Kein Interesse

Auch für John war die Alternativenbündelung nicht einfach. Sein Freund Nomonde hat ihn mehrfach unterbrochen und auf die Methode zurückgeführt, weil John relativ schnell in ein »Schwarz-Weiß«-Muster abgeglitten ist. Hier geht es aber nicht um schwarz oder weiß oder darum, was ich als Betroffener gern hätte, sondern um die interne Stimmigkeit der Deskriptoren untereinander. Wenn man – so schwer es auch manchmal ist – eine gewisse Neutralität bewahrt, merkt man, dass die Kombinationen besser, reflektierter und reicher an Stimulus werden.

5. Schritt: Szenario-Interpretation

»Die Weisheit besteht darin, ausreichend große Träume zu haben, damit man sie bei ihrer Verfolgung nicht aus den Augen verliert.«

Oscar Wilde

Der nächste Schritt heißt *Szenario-Interpretation* und hat mehr spielerischen und lustbetonten Charakter. Hier nimmt man die nach Logikkriterien zusammengefügten Szenario-Bausteine und schmückt sie aus zu einem Text, der nicht nur logisch, sondern auch interessant und spannend ist. Szenarien sollen den Leser in neue Zukunftswelten entführen und sie die Veränderungen von morgen spüren lassen. Hinzu kommt, dass der Einzelne oder die Gruppe von Menschen, die sich auf die Zukunftsexkursion begibt, die Szenarien nicht nur rational erfassen, sondern auch spüren und erleben sollte. Dabei sind alle Mittel recht, die die Fantasie des Menschen anregen: Man kann mit Bildern, Collagen, Pantomimen und Sketchen arbeiten. Wichtig ist, dass alle Beteiligten sich in ihr Szenario einleben, damit sie für die kommenden Schritte gut vorbereitet sind.

Woran merkt man, dass eine Gruppe ihr Szenario lebt? Wenn sie sich analog zur Szenario-Aussage verhält. In einem Fall hatte eine Gruppe ein Szenario mit dem Tenor »Festung Europa«, die sich konsequent gegen die Außenwelt abgrenzt. Und das praktizierte die Gruppe dann auch: Niemand konnte in ihre aus Pinnwänden errichtete »Wagenburg« eindringen und die Gruppe wollte auch keinen Kontakt zur anderen Gruppe oder zur Außenwelt. Eine andere Gruppe, die das globalisierte Szenario lebte, einigte sich auf Englisch als Arbeitssprache und gab sich internationale Namen (es gab japanische, indische, russische, europäische und amerikanische Vornamen). Wenn ich so etwas sehe und höre, weiß ich: Das jeweilige Szenario ist den Teilnehmern unter die Haut gegangen und wird gelebt.
In unseren individuellen Fällen heißt dies, die Kraft zu haben, die Umfeldszenarien kreativ auszugestalten, auch wenn die Inhalte einen manchmal sehr betroffen machen.
Schauen wir uns im Folgenden die Szenarien unserer drei Beispielfälle an.

CAROLINES SZENARIEN

Caroline hat sich dazu entschieden, die Szenarien als einen Tag im Leben von Marie, ihrem Coach, zu beschreiben. Dies ist eine spielerische Form, die die Kreativität gut anregt.

Szenario A: Das Zeitalter Asiens hat begonnen

Marie wird von ihrem Personal Digital Assistant geweckt, der auch gleichzeitig ihre Espressomaschine anwirft. Sie weiß, dass ihr stres-

siger Job als Entwicklungsleiterin der Aromasparte von Biotech International in Kalkutta alles von ihr verlangt. Aber sie ist jeden Tag aufs Neue begeistert von den Herausforderungen, die sie erwarten. Heute steht eine internationale IT-Video-Entscheidungskonferenz auf dem Programm, in der die Produktinnovationen für die kommende Saison verabschiedet werden sollen. Sie ist mit ihrem mobilen Personal Assistant in Uhrform gestern Abend noch einmal alle Entscheidungsparameter durchgegangen. Sie nimmt ihren Power-Fitnesscocktail zu sich, der nach der Analyse ihrer physiologischen Werte am Morgen in ihrem Heimlabor und nach der Eingabe ihrer heute zu erwartenden Aufgaben individuell gemixt wurde. Dann geht sie mithilfe ihres Mindprogramms noch einmal die möglichen Einwände ihrer Kontrahenten durch, um gewappnet zu sein.
Da schaltet ihr Bildschirm eine Leitung nach Kiew zu ihrer Schwester Michelle, die in einem ukrainischen Energieunternehmen als Sicherheitsingenieurin arbeitet: »Hast du schon gehört, dass Papa eine Gehirnzellenimplantation erhalten soll, um sein Alzheimer zu besiegen? Mutter ist ganz aufgeregt und weiß nicht, ob sie dem zustimmen soll. Was sagst du dazu?« »Du kennst meine Meinung, ich bin eine unverbesserliche Anhängerin aller technischen Innovationen. Von mir aus habt ihr meinen Segen, vorausgesetzt, der weltbeste Hirnzellenimplanteur ist per Standleitung zugeschaltet und leitet die Operation.«
»Wie geht es dir sonst, Schwesterherz? Was macht die Liebe?«
»Meiner virtuellen Liebe mit Dan in Kanada geht es sehr gut. Wir haben uns vor einem halben Jahr in einer der virtuellen Projektkonferenzen kennen gelernt und dann eine intensive virtuelle Freundschaft und sogar Liebesbeziehung entwickelt. Wir chatten jede Nacht und haben auch den virtuellen Remote-Streichelanzug ausprobiert. Das hilft ganz gut, die geografische Distanz zu ertragen, wir sind uns sehr nahe, ohne uns im Alltag zu nerven, und die Liebe wächst, weil wir uns sehr viel über unsere Werte und Lebensphilosophie austauschen. Ich war eigentlich nur verstört, als wir uns das ers-

te Mal in Natur gegenüberstanden. Du glaubst gar nicht, wie unbeholfen wir waren, als wir uns das erste Mal real in den Arm genommen haben. Aber wir haben uns nun mal für diese Art von Fernbeziehung entschieden und das Virtuelle klappt hervorragend. Wie geht es denn bei dir in Kiew?«

»Hier boomt es; das kannst du gar nicht mit unserem alten Europa vergleichen. Wir sind sicher, dass ganz Westeuropa in einem Jahr zu mehr als 50 Prozent von unserer Energieversorgung abhängig sein wird.« »Da wird mir ganz unwohl bei diesem Gedanken, zumal ihr demokratisch doch noch nicht so stabil seid.« »Das ist deine alte Meinung. Wir sind jung, dynamisch und wollen erfolgreich sein. Dafür tun wir alles und Grenzen gibt es nur im Kopf. Du weißt ja, hier geht die Post ab; wir sind die überzeugteren und dynamischeren Europäer, kein Vergleich mit dem Westen, der in Lethargie und Nostalgie versinkt und dabei den Aufbruch in die Zukunft verpasst. Und was die Liebe angeht, da bin ich doch altmodischer als du. Ich habe eine reale Beziehung mit einem charmanten Chinesen, der bei uns in der Zentrale arbeitet.«

»Na, dann wünsche ich dir eine gute kulturelle Alltags-Synchronisation und wenig Beziehungsstress. Aber zu deiner Osteuropa-Euphorie muss ich doch noch mal was sagen. Das ist gar nichts, verglichen mit dem, was sich hier in Asien abspielt: Indien, China und Südostasien werden euch in Europa trotz Dynamik im Osten schneller überrunden, als ihr euch das vorstellen könnt. Du weißt, das 21. Jahrhundert ist das Jahrhundert Asiens. Also mach es gut und gib mir bitte den Zugangscode zu Papas Operationssaal und Krankenakten, damit ich mich einloggen kann und immer auf dem Laufenden bin.«

Marie wendet sich wieder ihrer Arbeit zu: Ihr Unternehmen ist eines der führenden Biotechnologie-Unternehmen der Welt mit Firmensitz in Indien. Von hier aus werden die brillantesten Innovationen entwickelt, die dann Marktführer in fast allen wichtigen Weltmärkten werden. Marie schaut sich die Liste der führenden Konkurrenten ihrer Branche an und stellt fest, dass kein einziges europäisches Unter-

nehmen mehr dabei ist. Schade, aber sie haben es in ihrer Selbstgefälligkeit und Arroganz verschlafen, und die Asiaten haben ihre Chance genutzt. Einer der Konferenzpartner ist eine Universität in Italien, die sich auf die Entwicklung sehr ausgefallener Aromate spezialisiert hat. Wenigstens das funktioniert noch im alten Europa: Während die Unternehmen immer stärker verlagern, haben die Universitäten durch Reformen der Studiengänge, durch die Konzentration auf Spitzenforschung und das Vernetzen ihrer europäischen Kompetenzen an Attraktivität gewonnen. Auch die Parfum- und Aromenindustrie Frankreichs arbeitet jetzt unter indischer Führung. Was noch in Frankreich übrig geblieben ist, sind einige Entwicklungs- und Marketingabteilungen. Das Hauptgeschäft und die meisten Arbeitsplätze liegen jetzt aber in Asien.
Marie hat in der eigenen Familie erfahren, dass die wirtschaftliche Krise in Europa auch ihr Gutes hat: Zum ersten Mal seit langer Zeit entdecken die Menschen wieder Werte wie Nachbarschaftshilfe, Solidarität mit Schwächeren und Familienzusammenhalt. Da die veralteten Sozialsysteme des Staats nicht mehr greifen, gilt jetzt die Devise der Selbsthilfe: Wer seinen Arbeitsplatz verliert, hat nur eine Chance, wenn die Familie ihn auffängt. So wie es bei zwei ihrer Cousins gerade der Fall ist. Als Gegenleistung müssen sie dafür Dienstleistungen für die Familiengemeinschaft erbringen, zum Beispiel Heimwerkerarbeiten, Renovierungen, Gartenarbeit, Logistikservices (Chauffeurdienste und Einkäufe), Kinder- und Haustierbetreuung.
Alte Menschen werden nur von ganz wenigen Reichen in Luxusaltersheimen untergebracht. Die meisten Senioren, so auch ihre Großeltern, bleiben in ihrer Familie. Wer keine Familie mehr hat, sucht sich eine so genannte Wahlfamilie. Die Alten machen sich nützlich, solange sie noch fit sind, und werden dann später von ihrer Familie gepflegt. Diese neue Situation geht nicht immer konfliktfrei ab: Es gibt Spannungen zwischen Alt und Jung, jeder mischt sich in die Angelegenheiten des anderen ein, und die Familiencoachs haben alle Hände voll zu tun, wie sie gerade mal wieder von ihrem Bruder erfahren hat.

Neben der Familiensolidarität entwickelt sich auch eine Solidarität zwischen Freunden. Man unterstützt sich in guten und in harten Zeiten gegenseitig. Familie und Freunde sind jetzt auch die Fluchtburg vor der rauen ökonomischen Wirklichkeit. Es gibt immer mehr Wohngemeinschaften, die mehrere Alleinerziehende, aber auch Familien umfassen. Ihr Ziel ist eine optimierte und ökonomischere Lebensorganisation, da auf den Staat und seine Infrastrukturen nicht mehr zu zählen ist. Während noch vor ein paar Jahren Karriere – möglichst weltweit – an allererster Stelle für junge Menschen stand und danach erst feste Partnerschaft und Kinder kamen, hat sich die Situation jetzt umgekehrt. Man heiratet wieder jünger und bekommt auch wieder früher und mehr Kinder. Beruf und Karriere sind nicht mehr Selbstzweck, sondern Mittel zum Zweck und überlebensnotwendig. Oft reicht ein Job nicht aus, um seine Familie durchzubringen; daher üben immer mehr Menschen mehrere Tätigkeiten aus.
Marie wird fast etwas wehmütig, wenn sie an ihr altes Zuhause in Frankreich denkt, wie ihre Familie und Freunde jetzt dort leben, lieben und arbeiten. Aber dann wischt sie diese sentimentalen Gedanken sofort wieder weg – schließlich hat sie sich mit großer innerer Überzeugung dieses Leben in Asien ausgesucht – und macht sich mit Schwung an ihre Entscheiderkonferenz.

Szenario B: Renaissance des alten Kontinents

Marie, die Leiterin eines virtuellen Unternehmens, das Know-how, Services und Produkte im Biotech-Bereich entwickelt, makelt und vermarktet, wird geweckt vom Lärm der Marktstände in Barcelona. Sie steht auf und lässt ihren Blick über die quirligen Ramblas bis zum Hafen schweifen. Es war doch eine gute Entscheidung, in Europa zu bleiben, aber nicht in ihrer alten Heimat, sondern sich im dynamischen Katalonien niederzulassen. Hier spürt man, dass Europa nach langen Jahren der Krise und Agonie seine reformerischen und innovativen Kräfte wieder entdeckt hat. Europa ist wieder zu einem attraktiven Standort für Investoren aus aller Welt geworden. Die neuen EU-Länder haben wie eine Frischzellenkur auf das alte Europa gewirkt und den Innovations- und Wettbewerbsgeist beflügelt. Über alle EU-Länder verteilt sind neue Wirtschaftszentren entstanden, die ein heterogenes Gemisch aus großen und kleinen Unternehmen, Start-ups und Forschungszentren bilden. Dort werden neue unternehmerische Modelle mit viel experimentellem Freiraum erprobt. Die Natur ist das Vorbild für nachhaltiges unternehmerisches Entwickeln.

Die Zeit der Unternehmensdinosaurier ist vorbei. Sie waren zu schwerfällig und konnten sich in einer beschleunigten Wirtschaft nicht schnell genug auf Veränderungen einstellen, proaktiv und reaktiv handeln. Nicht die Großen fressen die Kleinen, sondern die Schnellen schlagen die Langsamen, so lautet das Motto der dynamischen, agilen Netzwerke, bestehend aus Freiberuflern, Teams, Verbänden etc. Maries heutiger Tag besteht aus mehreren Meetings in den Netzwerkorganisationen, teilweise real, teilweise virtuell, je nach Team, Thema und Möglichkeit.

Der universitäre Bereich blieb weiterhin relativ konservativ: Reformen scheut man wie der Teufel das Weihwasser; daher gibt es nur wenige attraktive Karrierechancen. Die Parfum- und Aromaindustrie in Frankreich ist im Aufwind: Sie hat ihr Know-how weiterentwickelt und mit modernsten Methoden der Biotechnologie und Chemie optimiert. Aromen für Lebensmittel und alle Arten von Haushaltsprodukten und Parfums, entwickelt in Frankreich, stehen für einen Topstandard in aller Welt.

Am Abend trifft sich Marie mit Pablo, ihrem »Teilzeit- oder Projektliebhaber«, wie man das heute nennt. Die beiden sind sehr glücklich in ihrer unverfänglichen, auf ein kurzfristiges Ziel ausgerichteten Partnerschaft. Für einen bestimmten Zeitraum ist man liiert, aber mit einem klaren Ziel, wie zum Beispiel gemeinsam eine Firma aufbauen, ein Projekt gestalten, Kinder großziehen oder anderes. Alle privaten

Beziehungen und Gefühle werden gemanagt wie ein geschäftliches Projekt. Imagination, Spontaneität und Intuition verlieren an Bedeutung. Es gibt keine langfristigen Verpflichtungen oder Bindungen mehr und daher auch weniger Beziehungsstress. Marie und Pablo sind nicht die Einzigen, die so leben und dazu auch stehen. Sie haben ihre Beziehung für eine bestimmte Zeit definiert und gehen danach sachlich wie Geschäftspartner auseinander oder verlängern das Projekt »Beziehung«. Die Älteren stehen kopfschüttelnd vor diesem neuen Modell, aber die Jungen sind sicher, dass dies zumindest ehrlicher ist als das, was ihre Eltern und Großeltern mit allem Beziehungskrampf und -stress gelebt haben.

Jeder ist sich selbst der Nächste, daher wird alles, was für die Karriere von Vorteil ist, mitgenommen, und alles, was schaden könnte, wird ausgeklammert. Alles ist möglich und gehorcht nur einem Grundsatz: »Wie kann man seine Karriere und seinen Erfolg optimieren?« Diese neue Generation nennt sich selbst »successoholics«.

Aber diese Gesellschaft hat auch ein anderes Gesicht. Nicht jeder ist als Persönlichkeit stark genug, in diesem harten, auf Erfolg getrimmten Leben mitzuhalten. Einige steigen aus, werden abhängig von Psychodrogen, begehen Selbstmord oder leben von den Spenden privater Charity-Organisationen – was gerade mal das nächste Überleben sichert.

Die Städte sind aufgeteilt in so genannte »gated communities«, bewachte Domänen, wo die Wohlhabenden gut geschützt in ihrer eigenen heilen Welt leben, und in die außen liegenden Slumgürtel. In den »gated communities« findet man alles und sämtliche Infrastrukturen, die man zum Arbeiten, Leben, Lieben bis zum Sterben braucht. Draußen in den Slumgürteln toben der Überlebenskampf und der Bandenkrieg. Dort herrschen eigene Gesetze und der Staat hat hier jeglichen Einfluss, jede Macht und Kontrolle verloren.

MARTINS SZENARIEN

Szenario A: Topinnovationen, aber ohne deutschen Maschinenbau

Europa hat nach langen Jahren der Krise seine reformerischen Kräfte entdeckt, seine Institutionen reformiert, Gesetze und Bürokratie verschlankt und ist wieder zu einem attraktiven Standort geworden.
Die deutsche Konjunktur hat sich von den Krisen der Vergangenheit erholt und wieder zu neuem Aufbruch gefunden: Neue unternehmerische Modelle sind entwickelt und umgesetzt worden, und dies mit staatlicher Unterstützung und gezielter Förderung. Deutschland hat auf Innovationen gesetzt und ist wieder zum Konjunkturmotor für das vereinigte Europa geworden. Tief greifende Reformen in Steuerrecht, Sozialem und Gesundheit haben diesen Neubeginn gefördert.
Innovationen auf allen Ebenen haben aber auch ihre Opfer gefordert: Dies sind die traditionellen deutschen Industrien wie Anlagen- und Maschinenbau, Chemie und andere. Sie haben mit den technischen Umwälzungen nicht Schritt gehalten und sind entweder völlig verschwunden oder von ausländischen Investoren aufgekauft worden, die nur die Filetstücke behalten und den Rest auf den Weltmärkten verscherbeln.
Der Wettbewerb zwischen Wirtschaftsblöcken weltweit verschärft sich; die Wirtschaftsregionen kämpfen mit attraktiven Standortbedingungen um die innovativsten und finanzstärksten Unternehmen. Diese bevorzugen Standorte, wo die unternehmerischen Bedingungen am günstigsten sind (hoch motivierte und kompetente Arbeitskräfte, günstige Ansiedlungsbedingungen, Steuervorteile etc.). Hierdurch können nicht nur neue Märkte weltweit erschlossen, sondern auch Arbeitsplätze in Regionen geschaffen werden, in denen es diese Möglichkeiten vorher nicht gab.
Die Technologien im Maschinenbau haben sich an den weltweiten Standards für IT und Anlagenbau orientiert und sind revolutionär neu. Die Innovationen basieren auf Nano-Technologie unter Einsatz von Bakterien und neuen biologischen Chips. Auf diesem Gebiet

haben die früher erfolgreichen deutschen Maschinenbau-Unternehmen versagt und können nicht mehr mit der weltweiten Konkurrenz mithalten. Sie sind verschwunden oder ihre attraktiven Teile sind aufgekauft worden. Ihre alten Marken existieren nicht mehr und nach einigen Jahren kann sich kaum noch jemand an die renommierten Namen der deutschen Industrie erinnern.

Die Welt und auch das Leben der Menschen sind immer virtueller geworden. Nach virtuellen Unternehmen gibt es jetzt immer mehr virtuelle Gemeinden. Dies sind Menschen, die über die ganze Welt verstreut gleiche oder ähnliche Werte teilen, danach leben, Erfahrungen austauschen und trotz geografischer Distanz sehr viel gemeinsam haben. Die Kommunikation zwischen diesen virtuellen Gemeinden ist sehr rege und man bekommt das Gefühl, dass sie mehr kommunizieren und mehr miteinander gemeinsam haben als Menschen, die Tür an Tür wohnen. Diese virtuellen Gemeinden bestimmen auch das soziale Leben, den Lebensstil, die »Do's und Dont's«, und vor allem das, was für Kinder und Jugendliche wichtig ist.

Meine Familie hat die stürmischen Zeiten gut überstanden; die Krisen sind überwunden. Die Kinder haben das Haus verlassen, im Ausland studiert und sind auch dort geblieben, um ihre eigenen Familien zu gründen. Die Tochter lebt mit ihrer Familie in den USA, der Sohn hat eine Chinesin geheiratet und sich in Malaysia niedergelassen. Das Haus ist leer geworden; Isabelle reist relativ viel beruflich und startet noch einmal so richtig durch.

Szenario B: Osteuropa und Asien boomen, während Deutschland weiter schwächelt

Die alten EU-Kernstaaten verlieren gegenüber den neuen Mitgliedern an Arbeitsplätzen und Standortattraktivität. Die Zentren der europäischen Wirtschaft haben sich nach Osten und Südosten in die neuen EU-Länder (Weißrussland, Ukraine, Balkanstaaten) und in die

Türkei verlagert. Dort gibt es gut ausgebildete und motivierte Arbeitskräfte sowie eine unternehmerfreundliche Politik, die Firmen anlockt und ihnen die Ansiedlung durch Steuervorteile und eine schlanke Bürokratie erleichtert. Dort findet man auch eine echte Europabegeisterung bei den Menschen, während das alte Europa wehmütig auf seine glorreiche Vergangenheit schaut und dabei den Aufbruch in die Zukunft verpasst.
Die wirtschaftliche, technologische und politische Macht hat sich nach Fernost verlagert. In China, Indien und Südostasien sind neue Wirtschaftszentren, innovative Forschungszentren und mehr Arbeitsplätze entstanden, als in Europa abgebaut wurden. Das Jahrhundert Asiens ist angebrochen. Viele Europäer, die im alten Europa keine attraktive Arbeit mehr finden, wandern in diese Länder aus und machen dort Karriere.
Die Wirtschaft wird weltweit von Global Playern dominiert. Unter den weltweit größten Unternehmen befinden sich kaum noch europäische, wenige US-amerikanische, aber viele indische und chinesische Unternehmen. Sie haben die Macht und die Finanzmittel, Märkte zu entwickeln, die besten Forscher und Innovationen zu kaufen. Dabei setzen sie sich über regionale und nationale Gesetze hinweg und machen ihre Spielregeln zum Gesetz.
Mit Deutschlands Wirtschaft geht es bergab: Nach halbherzigen Reformen, weiterer Verschuldung und den ungelösten Sozial- und Demografieproblemen schwächelt die Konjunktur weiter. Das Einzige, was steigt, sind Arbeitslosen- und Insolvenzquote. Zukunftsindustrien haben sich ins Ausland verlagert, wo Standortbedingungen, Förderungen und Qualifikation der Mitarbeiter mehr versprechen.
Was in Deutschland bleibt, sind eher traditionelle Industrien, die nach einem intensiven Gesundschrumpfungsprozess wieder Fuß gefasst haben. Sie sind seriös finanziert, haben eine klare Ausrichtung in Innovationen und Märkten und sind kleiner und anpassungsfähiger. Hierzu gehören auch einige Firmen des Maschinenbaus. Der Maschinenbau hat seine jahrzehntelange Krise überwunden und ist

wieder zu soliden mittelständischen Strukturen zurückgekehrt. Die Technologien sind weiter optimiert worden, aber revolutionär Neues hat sich nicht getan. Trotzdem können mit viel versprechender Innovation und gutem Kundenservice die Märkte bedient werden.
Wie leben die Menschen in diesem Szenario? Der Trend geht wieder zum Realen, Konkreten und Naheliegenden. Heimat, Wurzeln und Ursprung sind wieder wichtig geworden, nachdem man sich eine Weile in der Virtualität verloren hat und orientierungslos geworden war. Die lokale Gemeinde gibt Orientierung und Geborgenheit, sie bestimmt aber auch das Leben, den Lebensstil und das, was man tut und was man nicht tun sollte. Der regionale Verhaltenskodex ist sehr dominant und entscheidet, ob eine Familie in einer Gemeinde bleiben kann oder nicht.

JOHNS SZENARIEN

Szenario A: Es lebe die Virtualität

Die Wirtschaftsentwicklung in den USA ist durch den Verlust der internationalen Wettbewerbsfähigkeit beeinträchtigt. Einerseits haben die USA ihre Vorreiterposition bei den Schlüsseltechnologien des 21. Jahrhunderts an die aufstrebenden Asiaten verloren, andererseits haben weltweite amerikanische Interventionen den US-Haushalt sehr belastet. Dies hat auch zu ungünstigen Rückwirkungen auf die europäische Wirtschaft geführt. Es sieht so aus, als ob die westlichen Kulturen endgültig gegenüber Asien ins Hintertreffen geraten sind. Reformunwilligkeit, Festhalten am Alten, Vergreisung und die unrealistische Hoffnung, dass irgendwie alles von selber besser wird, lassen die westliche Welt weiter in der Bedeutungslosigkeit versinken.
Die Bankenvereinigungen weltweit existieren in virtueller Form; man begegnet sich mehr in virtuellen Räumen als real. Die Virtualität hat den alten direkten menschlichen Kontakt fast ganz ersetzt. Die junge

Generation ist es gewöhnt, virtuell zu kommunizieren, zu kooperieren, Projekte abzuwickeln, sich weiterzubilden, Freundschaften zu schließen, ja sich sogar virtuell zu verlieben. Die ältere Generation kann dies alles gar nicht mehr nachvollziehen oder gar verstehen. Aber dies ist die neue virtuelle Realität, in der sich die jungen Generationen und Entscheider wohl fühlen. Arbeit findet heute ganz anders als noch vor zehn Jahren statt. Statt starrer Organisationen gibt es lockere Projektorganisationen, die sich permanent verändern, anpassen und sich neu erfinden.
Geld war ja schon seit einiger Zeit ein teilweise virtuelles Gut, aber jetzt gibt es gar kein Bargeld mehr. Jede Transaktion, auch die kleinste, läuft virtuell und daher auch nachvollziehbar und belegbar ab. Was passiert mit den kleinen, geheimen Nischen ganz privater Genüsse? Man denke an Bordellbesuche, feuchtfröhliche Exzesse, Drogenkonsum, das heimliche Wochenende mit der Geliebten, die Schuh-, Klamotten- oder Kosmetikexzesse mancher Frauen etc. Keine Bange – der Mensch ist kreativ genug, um sich solche privaten Nischen zu schaffen. Und das sieht so aus: Man kauft gegen Gebühr je nach persönlichem Bedarf die Anonymität für einen bestimmten Geldbetrag. Diese Summe kann man ausgeben, ohne dass Verwendungszweck und Empfänger irgendwo auftauchen.
»Das muss ein Bombengeschäft sein«, schmunzelt John, während Nomonde den warnenden Zeigefinger hebt. »Aber wir bewegen uns in möglichen Zukünften und nicht in moraltheologischen Kategorien«, fährt John fort.
Die Antwort auf diesen persönlichen Freiraum sind sicher Programme zur Spionage und Entschlüsselung für die Zielgruppe eifersüchtiger Ehepartner. Man stelle sich das so vor, wie vor Jahren virulente Computerviren, die ganze Firmennetze lahm gelegt haben, das Geschäft mit der Computersicherheit lukrativ gemacht haben.
Die virtuelle Organisation des Lebens und des Berufes hat auch vor der Weiterbildung nicht Halt gemacht. Das Bank-Weiterbildungsinstitut ist jetzt eine virtuelle Plattform mit einigen IT-Experten, die

das gesamte Finanzweltwissen aufbereitet und in eine E-Learning-Version gegossen haben. Selbst Prüfungen finden virtuell statt, und die Studenten sind in der ganzen Welt verstreut, ohne jemals persönlich ihren Professor oder ihre Kommilitonen kennen zu lernen.

Es gibt nur noch wenige Berufe und Branchen, die neben der Virtualität das reale, kinästhetische Element brauchen. Eine davon ist die Textil- und Designbranche. Hier müssen Stoffe nicht nur virtuell konzipiert, sondern auch gefühlt werden, bevor es in die Umsetzung geht. Aus diesem Grund ist Giuliana immer öfter in Italien, wo sie große Erfolge mit ihren innovativen Kollektionen feiert. Das Familienleben leidet darunter, aber sie hat eindeutig ihre Prioritäten auf ihre Karriere und ihre Berufung gesetzt. Nur bei ihrer kreativen Arbeit fühlt sie sich wirklich glücklich und ausgefüllt.

Meine Kinder, die lange wenig Kontakt zu mir hatten, werden durch die Fragen der Enkel nach dem Großvater in Zugzwang gebracht. Daher nehmen sie zögerlich wieder Kontakt mit mir auf und schlagen sogar ein reales Familientreffen vor. Es sieht nach einem familiären Neuanfang aus ...

Szenario B: Virtualität und Realität bilden ein Paar

Die USA haben, gestützt auf ihren alten Pionier- und ihren wieder belebten Unternehmergeist, die Kraft zur Erneuerung des politischen und des Wirtschaftssystems gefunden. Forschung und Entwicklung werden wieder gefördert statt dem kurzfristigen Shareholdervalue-Denken geopfert. Das Klima für neue Technologien und bahnbrechende Innovationen erinnert an die Aufbruchphase des Silicon Valley. Investoren, die den USA für eine gewisse Zeit den Rücken gekehrt hatten, kommen aus aller Welt wieder zurück. Die Politik setzt auf multilaterale Prinzipien und die USA haben durch ihre Rolle des Mediators statt des Weltpolizisten wieder an internationalem Ansehen gewonnen, und das sogar in der arabischen Welt.

Auch Europa geht es wirtschaftlich besser, nachdem tief greifende Reformen, Bildungsinitiativen und Förderung von Innovations- und Unternehmergeist Früchte getragen haben.
Branchenvereinigungen und andere Assoziationen nutzen intensiv alle Möglichkeiten der virtuellen Kommunikation und Information. Aber die Virtualität ist nicht alles und substituiert den menschlichen Kontakt nur teilweise. Überall dort, wo es auf Verhandlungen, Konfliktlösungen und kreative Teamstimulanz ankommt, kommunizieren Menschen im gleichen Raum, in fühl- und spürbarer Nähe. Das Feeling, das intuitive Gespür für das, was der andere gerade denkt, fühlt oder vielleicht im Schilde führt, lässt sich noch nicht virtuell vermitteln. Die Köpersprache und das Nonverbale senden oft die echten Informationen, während man mit Worten so schön verschleiern kann. Virtuelles Teambuilding funktioniert auch nur zum Teil. Das Klima im Team wird schlagartig anders, wenn alle zusammen mal etwas Lustiges, Sportliches oder Draufgängerisches unternommen und zusammen einen Wein oder ein Bier getrunken haben.
Arbeit findet im Wechsel zwischen Virtualität und realen Kontakten statt, je nach Situation. Die Weiterbildung folgt ähnlichen Prämissen wie die Arbeit. Die Studenten sind an einer realen und einer virtuellen Universität eingeschrieben und müssen diese während ihres Studiums tauschen. Wenn also meine reale Universität in Paris und meine virtuelle in Moskau ist, dann muss ich eine Zeit lang in Moskau leben und studieren und Paris wird meine virtuelle Universität für diese Zeit des Austausches. Die Weiterbildung entwickelt sich ähnlich: Statt reiner Präsenz oder reinem E-Learning hat sich »Blended E-Learning« durchgesetzt, eine Mischung aus realer (Arbeiten und Lernen in Teams mit Menschen in fühlbarer Nähe) und virtueller Fortbildung.
Diese neue Formel hat die Weiterbildungskosten erheblich reduziert, sodass auch Menschen aus kleinen Verhältnissen und aus ärmeren Ländern die Chance auf Bildung und Weiterbildung nutzen können.
Im Management ist es jetzt von entscheidender Bedeutung, echte

multikulturelle und nicht nur virtuelle Erfahrungen gemacht zu haben. Wer also sein Studium und seine Postgraduate-Lehrgänge nicht nur in unterschiedlichen Ländern, sondern auf diversen Kontinenten absolviert hat, hat die besten Chancen, in den Topunternehmen der Welt Karriere zu machen.
Im privaten Umfeld könnte es eine entscheidende Änderung geben: nämlich dass Giuliana selbst den Wunsch verspürt, mehr Lebenszeit und Lebensqualität mit mir zu erleben. Das Bewusstsein, dass uns vielleicht nicht mehr so viel gemeinsame Zeit bleibt, entsteht nach mehreren Todesfällen in ihrer eigenen Familie.
Meine Kinder und Enkelkinder haben irgendwie vergessen, dass es mich gibt. Sie sind intensiv mit ihrem eigenen Leben und ihrer Karriere beschäftigt, sodass kaum ein Gedanke an den alten Vater verschwendet wird. Und außerdem hat dieser ja eine sehr viel jüngere Frau, die sich um ihn kümmern kann ... und wann hat er sich je richtig um seine Kinder gekümmert?

EMPFEHLUNGEN ZU SCHRITT 5

Was sich im Nachhinein leicht liest, ist vor einem leeren Blatt Papier nicht so ganz einfach. Daher einige Tipps und Tricks, um diesen Schritt gut hinzubekommen:

- Bei der Beschreibung der Szenarien fängt man immer in den globalen Bereichen an, geht dann zum Firmen- und Branchenumfeld und am Schluss erst zum privaten Umfeld.
- Szenarien sollte man zunächst grob beschreiben und dann weiter ausgestalten. Der komplette Text entsteht meistens in mehreren Bearbeitungsstufen. Also keine Panik, wenn man mit dem ersten Textentwurf noch nicht glücklich ist. Dann heißt es, diesen einige Tage liegen lassen und danach wieder daran arbeiten. Wenn auch das

alles nicht hilft, dann kann ein guter Freund Fragen stellen, die die Zukunft betreffen. Sie registrieren die Antworten entweder auf Kassette, Diktiergerät oder auf Ihrem Mobiltelefon mit einer entsprechenden Aufzeichnungsfunktion. Sie können aber auch Stichworte Ihrer Antworten auf größeren Post-it-Karten notieren. Die Fragen sollten allerdings nicht irgendwelche Fragen sein, sondern anhand der Alternativenbündelung gestellt werden.
Warum Post-it? Ganz einfach: Diese Zettel kann man auf einem Tisch oder einem größeren Stück Papier beliebig umstrukturieren. Diejenigen, die in Unternehmen an Fortbildungskursen teilgenommen haben, kennen fast alle die Metaplantechnik und Post-it kann man als vereinfachte Metaplantechnik bezeichnen.

- Nicht jeder kann gut Texte erstellen. Da hilft ein Text im Telegramm- oder Zeitungsüberschriftenstil, ergänzt durch kleine Zeichnungen und Skizzen.
- Eine weitere Form der Szenario-Darstellung sind Bilder und Collagen. Sie sprechen die rechte Hirnhälfte an und helfen, das Ganze besser zu behalten. Unser Gehirn arbeitet immer noch im Analogmodus und braucht Bilder als Gedächtnisstütze. Wir alle kennen den Ausspruch: »Ein Bild sagt mehr als 1000 Worte.« Wenn ich heute an viele Szenarien zurückdenke, die ich im Laufe meines Lebens mit Gruppen und Individuen entwickelt habe, dann erinnere ich mich oft kaum noch an den Szenario-Text, den ich selbst verfasst habe. Die Bilder und Collagen, die wir damals gemeinsam geschaffen haben, sind aber sehr lebendig in meinem Gedächtnis und auf Fingerschnipp abrufbar.
- Eine weitere beliebte Möglichkeit ist die Beschreibung eines Tagesablaufs im Leben eines Menschen im Jahre 20XX. Gerade diese Variante, die auch Caroline gewählt hat, hilft Menschen, die etwas Konkretes und lebensnah

Anfassbares brauchen. Bei solch einer Übung werden Sie merken, wie Ihre Fantasie zu sprühen anfängt.

- Andere Menschen brauchen ein Spiel, ein Theaterstück oder eine Pantomime. Gerade bei kinästhetisch veranlagten Menschen geht ein Spiel oder Theaterstück unter die Haut, in den Bauch und dann auch ins Gehirn. Ich erinnere mich noch mit viel Schmunzeln an manche Workshops, als die Gruppe oder Einzelne mich mit einer hervorragend gespielten Parodie ihres Szenarios überrascht haben.
- Wer gern töpfert oder mit Holz arbeitet, kann auch diese Mittel zur Gestaltung seiner Szenarien nutzen. Warum nicht mal Szenario-Skulpturen? Vielleicht aus Ton, aus Holz, Gips, Glas, Acryl, Plastik oder Wachs?
- Grafikdesigner gestalten gern Szenario-Bilder am Computer. Danach werden die Bilder animiert mit allen Tools, die die IT bereithält: das ist ihre Version, der Zukunft ein Gesicht zu verleihen.
- Einmal stellte mir eine Workshopteilnehmerin die Frage: »Wie schmecken und riechen die Szenarien eigentlich?« Das war eine ganz neue Frage, die ich mir so noch nie gestellt hatte. Aber sie hat mich gepackt, und bei Menschen und Gruppen, bei denen ich das Gefühl habe, diese gustative und olfaktorische Sensibilität zu spüren, stelle ich sie. Natürlich haben alle Menschen Geschmacksnerven und einen Geruchssinn; schließlich genießen die meisten Menschen gern ein gutes, alle Sinne ansprechendes Essen. Aber das ist es nicht allein. Wenn jemand über das Essen und Trinken hinaus viel mit seiner Nase denkt, empfindet, arbeitet und sogar entscheidet, dann wird er den Szenarien Gerüche und Geschmacksnoten verleihen und diese auch auf der Zunge spüren. Wer sich so Szenarien einprägt, wird sie nie mehr vergessen, denn das gustative und olfaktorische Gedächtnis ist der älteste Teil des Gehirns.

- Entscheidend ist, dass Sie genau die Version wählen, die Ihr Gefühl am besten anspricht, die Sie packt und die größte Identifikation mit Ihren Szenarien bewirkt.

6. Schritt: Konsequenzanalyse

»Was ich von einem verantwortlichen Manager erwarte: Neugier und damit die Bereitschaft, bereits in der Gegenwart an der Zukunft zu arbeiten.«

Helmut Maucher

Wenn man mit Leib und Seele in seiner Zukunftswelt »eingephast« ist, muss man sich fragen, was diese Szenarien für das Thema jedes Einzelnen bedeuten. Daher heißt die nächste Etappe *Konsequenzanalyse.*

Was passiert in dieser Phase? Man fragt sich, welche Chancen und Risiken die einzelnen Szenarien für den jeweiligen Menschen beinhalten und wie man damit umgehen sollte. Dabei gibt es zwei interessante Effekte: Vergleicht man die Strategien beider Szenarien, dann gibt es einiges, was nur unter einem Szenario machbar ist, während der größte Teil

der Ideen durchaus unter beiden Szenarien realisierbar ist. Lediglich die Gründe, warum die gleiche Antwort unter dem einen oder anderen Szenario passt, sind unterschiedlich. Hierzu ein Beispiel aus der Unternehmenswelt: Die Internationalisierung eines Geschäfts ist unter dem globalisierten Szenario ein Muss, während sie unter einem regionalen und rückläufigen Markt die einzige Chance ist, das Geschäft zu erweitern – dann allerdings nicht als Global Player, sondern als ein im Zielmarkt regional adaptierter Anbieter.
In diesem Schritt geht es also darum, aus den Zukunftsbildern konkret Chancen und Risiken für den jeweiligen Betroffenen zu erkennen und Ideen und Strategien zu entwickeln, wie man damit zukunftsoffen und zukunftsfähig umgehen kann. In diesem Schritt ist viel Kreativität und das Verlassen ausgetretener Pfade verlangt sowie ein Abschütteln der Sicherheit von gestern und ein Begrüßen der Unsicherheiten von morgen.
Bei der Entwicklung von konkreten Ideen und Strategien ist es wichtig, einige Spielregeln zu beachten:

- *Aktivitäten immer in Ich-Form und mit Verben versehen.* Ein Beispiel: »Ich entwickle ein humanitäres Programm mit folgender Mission ...«
- *Ideen nicht nur flüchtig und stichwortartig anreißen, sondern konkretisieren.* »... ein humanitäres Programm mit der Mission, Straßenkindern in Brasilien Unterkunft, Nahrung und vor allem Bildungsmöglichkeiten zu geben.«
- *Killerphrasen vermeiden.* Killerphrasen sind mehr oder weniger subtile Sprüche, die ganze Projekte kippen können, zum Beispiel:
  - Das kostet zu viel.
  - Das ist technisch nicht machbar.
  - Dafür fehlen uns Forschungs- und Entwicklungskapazitäten, Produktionstechnik, Vermarktungs-Know-how etc.

- Das akzeptiert der Vorstand nicht.
- Das wird kein Kunde je kaufen.
- Und wenn einem dann gar nichts mehr einfällt, kommt der berühmte Ausspruch: »Und überhaupt ...«

Den Managern unter den Lesern werden diese Sprüche mehr als bekannt sein und es kommen sicher bittere Erinnerungen hoch. Aber was nützen diese ganzen Killerphrasen? Damit kann jemand zeigen, dass er einen kritischen und eventuell auch analytischen Verstand hat und sich vor seinen Kollegen brüsten. Aber in der Sache weiterhelfen kann das nicht.

- Vom schlechten Beispiel der Manager zu den *Killerphrasen, die es im Kopf jedes Einzelnen von uns gibt.* Die lauten dann so:
  - Das kann ich nicht.
  - Das ist eine Nummer zu groß für mich.
  - Das schaffe ich nie.
  - Das wird mein Chef/meine Familie/meine Frau/mein Lebenspartner nie akzeptieren.
  - Das geht nicht wegen meiner unzureichenden Ausbildung.
  - Ich bin zu alt für solche Veränderungen.
  - Ich bin zu jung oder zu unerfahren für diese Aufgabe.
  - Und jetzt noch der Topkiller aus der Mottenkiste: Ja, was würden denn die Leute dazu sagen?

Schauen wir uns jetzt einmal die Konsequenzanalyse unserer drei Protagonisten an, die natürlich auch alle mit den oben genannten Problemen zu kämpfen hatten.

CAROLINES KONSEQUENZANALYSE

Konsequenzen aus Szenario A

Szenario-Aussage	Das alte Europa verliert an Wirtschaftskraft, es findet eine Verlagerung der Wirtschaftszentren nach Osten statt.
Chancen/Risiken	Risiko: Im Westen wird es schwieriger, attraktive Jobs zu finden. Chance: Neue attraktive Jobs in den Wachstumsländern. Risiko: Unzureichende Sprachkenntnisse für die Arbeit in den neuen EU-Ländern.
Meine Aktivitäten	• Ich werde mich als Erstes informieren über die neuen EU-Länder, ihre Kultur, ihre Mentalität, Studien- und Arbeitsmöglichkeiten. Ich könnte meine nächsten Ferien zum Erkunden der osteuropäischen Länder nutzen. Arbeitsmöglichkeiten allein reichen mir nicht: Ich brauche das Feeling für ein Land (gefällt mir die Mentalität, wie geht man mit Fremden um?). Als Erstes werde ich mal im Internet nach Bekanntschaften in Osteuropa suchen; ein virtueller Freund oder eine Freundin im Osten kann mir schon mal ganz gut die Mentalität näher bringen. • Ich werde mein Englisch intensivieren und mehr Kurse in Englisch buchen. • Ich werde eine dritte Fremdsprache dazunehmen, aber welche? (Russisch, Polnisch oder Deutsch?)
Szenario-Aussage	Neue Wirtschaftszentren in Fernost: China, Indien, Südostasien

Chancen/Risiken	Chance: Neue attraktive Jobs in Asien Risiko: Unzureichende Sprach- und Mentalitätskenntnisse für die Arbeit in Asien
Meine Aktivitäten	• Ich werde mich als Erstes informieren über die aufstrebenden asiatischen Länder, ihre Kultur, ihre Mentalität, Studien- und Arbeitsmöglichkeiten. Auch hier werde ich mit den virtuellen Kontakten auf privater Ebene beginnen. • Ich werde versuchen, ein Praktikum in Asien zu machen; erste Kontakte kann ich über das weltweite Netzwerk meiner Uni knüpfen. • Ich werde mein Englisch intensivieren und mehr Kurse in Englisch buchen. • Ich werde meine alte Brieffreundin in Thailand, die ich schon fast vergessen habe, wieder kontaktieren. • Da fällt mir ein, ich könnte an einem Projekt teilnehmen, das Häuser und Schulen aufbaut, die durch den Tsunami zerstört wurden, und Umweltschutzprojekte in Asien durchführt. • Ich könnte auch alle ehemaligen Studenten unserer Uni in Asien ausfindig machen und sie fragen, ob sie als Paten für uns zur Verfügung stehen. Von ihnen könnten wir auch die ersten Tipps bekommen zu Aufenthalt, Studium, Praktikum in Asien. • Außerdem könnten wir Studenten eine Selbsthilfeorganisation virtuell auf die Beine stellen, und zwar mit unseren ausländischen Studenten hier und den europäischen Studenten, die schon in Asien sind.

	Das Ziel könnte lauten: Erfahrungsaustausch, Tipps und Tricks, um das Leben dort leichter zu machen. • Und dann fällt mir noch etwas Verrücktes ein: Es gibt ja die Sendung »vis ma vie«, in der zwei Menschen aus völlig unterschiedlichen Lebensumständen und Berufen das Leben des jeweils anderen eine Zeit lang leben. So etwas könnte ich mir für das Kennenlernen des Lebens im Ausland vorstellen: Ein französischer Student lebt das Leben eines indischen Studenten mit dessen Finanzen, Familie und allem, was dazugehört, und der Inder macht das Gleiche in Frankreich.
Szenario-Aussage	Global Player bestimmen die Weltmärkte.
Chancen/Risiken	Chance/Risiko: Kampf gegen Global Player oder sie unterstützen?
Meine Aktivitäten	• Ich werde mich um ein Praktikum bei einem Global Player bemühen, um dessen Struktur, Strategie und Denkweise wirklich im Detail kennen zu lernen. Erst danach bilde ich mir ein Urteil und unternehme weitere Schritte: eventuell Nutzung der internationalen Karrieremöglichkeiten innerhalb eines Global Players, aber nur, wenn es mit meinen Werten übereinstimmt.
Szenario-Aussage	Universitäten in Europa attraktiv
Meine Aktivitäten	• Ich werde Kontakt aufnehmen zum europäischen Studentennetzwerk, um Universitäten, Studienmöglichkeiten und Kommilitonen in ganz Europa kennen zu lernen.

	• Ich werde die nächsten Semester im Ausland studieren und dort auch Praktika absolvieren.
Szenario-Aussage	Wiederentdeckung der Menschlichkeit, der Familie und der Nachbarschaftshilfe
Meine Aktivitäten	• Ich werde die Familiengeschichte erforschen und die Aktivitäten der Familie koordinieren. Also zum Beispiel, einer kauft für alle ein; einer betreut mehrere Kinder; die Alten lernen von den Jungen den Umgang mit Computer und Technik; umgekehrt sind die Alten zur Betreuung der Kinder da. Das Netzwerk »Familie« kann auch professionell gemanagt werden. • Ich mache mich schlau über neue Beziehungs- und Familienmodelle und überlege, was mir am meisten zusagen würde.
Szenario-Aussage	Mehr Solidarität unter Freunden in wirtschaftlich harten Zeiten sowie frühe Familiengründung
Meine Aktivitäten	• Ich bin bereit, mich mehr in Solidarität zu engagieren, vorausgesetzt, meine Freunde tragen das mit. Die Idee einer Wohngemeinschaft wäre nicht schlecht. Ein anderes Projekt wäre die Unterstützung der Obdachlosen in unserem Stadtteil: sie mal einladen, sie mal bekochen etc. • Ich werde mich allerdings nicht in eine frühe Familiengründung stürzen, oder doch?

Konsequenzen aus Szenario B

Szenario-Aussage	Das alte Europa gewinnt an Wirtschaftskraft und bietet attraktive Standorte. Innovation findet wieder in Europa statt.
Chancen/Risiken	Chance: Bessere Möglichkeiten, in Europa attraktive Jobs zu finden. Risiko: Die Konkurrenz um die attraktiven Jobs in Europa ist groß.
Meine Aktivitäten	• Ich werde mich als Erstes informieren über die neuen möglichen Wachstumsstandorte in Europa; wo sie liegen, was sie an Besonderheiten bieten bezüglich Kultur, ihrer Mentalität und Studien- und Arbeitsmöglichkeiten. • Hier kann ich auch die Ideen zum Szenario A (Entwicklung in EU und Asien) einbringen. • Ich werde mein Englisch intensivieren und mehr Kurse in Englisch buchen. • Ich werde eine dritte Fremdsprache dazunehmen, aber welche? (Italienisch oder Portugiesisch?)
Szenario-Aussage	Flexible dynamische Netzwerke haben die klassischen Großunternehmen abgelöst.
Chancen/Risiken	Chance: Neue Möglichkeiten in Netzwerken Risiko: Unzureichende Kenntnisse in Netzwerkarbeit und -management

Meine Aktivitäten	• Ich werde mich als Erstes informieren über die Aufgaben, Möglichkeiten und Qualifikationen in virtuellen und reellen Netzwerken. • Ich werde das Seminar in virtuellem Netzwerkmanagement buchen und mit meinen Studienkollegen an konkreten Projekten Networking üben. • Ich werde ein Praktikum im Projektmanager-Netzwerk, das an unserer Uni arbeitet, anstreben.
Szenario-Aussage	Der universitäre Bereich ist unattraktiv, aber die Aroma- und Parfumindustrie entwickelt sich gut und expandiert weltweit.
Chancen/Risiken	Chance/Risiko: Der Aroma- und Parfumindustrie folgen.
Meine Aktivitäten	• Ich werde mich an dem Projekt meiner Universität zum Schutz der einheimischen Pflanzen beteiligen und mir ein Urteil bilden, was mein Engagement in der Industrie angeht. • Ich werde mich um ein Praktikum bei einer der bedeutenden französischen Parfum- und Aromafirmen bemühen, das Geschäft gut kennen lernen, um eventuell die internationalen Karrieremöglichkeiten innerhalb des Unternehmens zu nutzen.

Szenario-Aussage	Keine Familie im traditionellen Sinne mehr, alles folgt einer Projektlogik.
Meine Aktivitäten	• Ich werde meine Möglichkeiten und meine Freiheit nutzen, um meinen Weg zu machen, innerhalb eines Unternehmens und später eventuell als Selbstständige. • Ich werde eventuell neue Formen des Zusammenlebens und der Beziehung ausprobieren – warum eigentlich nicht? Dabei werde ich aber immer darauf achten, dass ich mich dabei wohl und in Einklang mit meinen Werten fühle.
Szenario-Aussage	Familienzusammenhalt gehört der Vergangenheit an; es gibt nur noch Zweckpartnerschaften.
Meine Aktivitäten	• Ich weiß nicht, ob ich dafür geeignet bin; aber ich werde meinen Weg gehen, schließlich habe ich meine Prinzipien und Werte.

Anmerkungen zur Konsequenzanalyse von Caroline

Nach den ersten Szenario-Aussagen wurden die Chancen und Risiken weggelassen. Das ist durchaus möglich. Chancen und Risiken sollen eine Brücke zwischen der Szenario-Aussage und den Aktivitäten bilden. Wenn man diese Brücke nicht braucht, um Aktivitäten zu finden, kann sie ohne weiteres wegfallen. Entscheidend ist die Qualität der Aktivitäten.

MARTINS KONSEQUENZANALYSE

Vor der nächsten Sitzung zur Konsequenzanalyse mit seinem Coach passiert das schon lange Befürchtete, aber von Martin immer wieder Verdrängte: Aufkauf seiner Firma durch einen taiwanesischen Investor, der das Unternehmen einer Radikalkur unterziehen will und als Erstes 60 Prozent der bisherigen Manager und Mitarbeiter entlässt. Den Führungskräften werden noch zwei Monate für eine straff organisierte und nach den Vorgaben des Investors abzuwickelnde Übergabe eingeräumt. Danach sollen sie mit einer nicht gerade üppigen Abfindung gehen, die unter den deutschen Gepflogenheiten und den Erwartungen der Betroffenen liegt.

Auch Martin gehört zu den 60 Prozent, die entlassen werden sollen. Das trifft ihn wie ein Keulenschlag, hatte er doch immer gehofft, dass selbst bei Massenkündigungen er sicher nicht dazugehören würde, gerade wegen seiner außerordentlichen Verdienste um das Unternehmen. Aber jetzt läuft alles anders: Der Investor ist ein sehr erfolgreicher Unternehmer, der weltweit marode Firmen aufkauft, diese ohne Rücksicht auf die jeweiligen sozialen Vereinbarungen und menschlichen Schicksale hart saniert, um sie dann auf Erfolgskurs, gute Rentabilität und einen Respekt einflößenden Börsenwert zu trimmen.

Martin ist in einer psychischen Verfassung, die eine zukunftsoffene und kreative Beschäftigung mit seinen Szenarien ausschließt. Die Sitzung wird zunächst dazu genutzt, um den Schock aufzuarbeiten und das Positive an dem ganzen Unglück zu erkennen. »Was soll denn daran positiv sein?«, schimpft er, und Ariane insistiert: »Jedes Unglück hat auch eine positive Seite, denken Sie noch mal darüber nach oder betrachten Sie die Situation aus einem anderen Blickwinkel«. »Sie haben gut reden.« Aber schließlich gräbt Mar-

tin unter Grummeln einige positive Aspekte aus wie: »Na, dann habe ich ja endlich einmal mehr Zeit für meine Familie, aber ob die so glücklich darüber ist?«
»Welche Vorteile gibt es noch?«, bohrt sein Coach weiter. »Na ja, ich könnte endlich mal in eine andere Branche wechseln. Den Maschinenbau kenne ich so lange, und irgendwie ist das Ganze jetzt auch Routine geworden.« »Welche Branche würde Sie denn reizen?« »Also alles, was mit Technik, Sport und Geschwindigkeit zu tun hat, würde mir Spaß machen, also ein Sportflugzeugbauer, ein Motorradhersteller oder eine Yachtfirma.« Bei diesen Worten vergisst Martin seinen Kummer und seine Augen fangen wieder an zu leuchten. Dann bremst er sich selbst gleich wieder aus mit der Bemerkung, dass er ja keine Branchenerfahrung habe. Ariane lässt nicht locker und fragt: »Was könnten Sie denn mit Ihrer bisherigen Erfahrung in diese Branchen einbringen?« »Also eine beachtliche Projektmanagement-, Innovations-, Marketing- und technische Erfahrung. Und mit dem neutraleren Blick von außen auf eine Branche kann man oft viel mehr bewegen als jemand, der schon 20 Jahre in der Firma ist.« Das hört sich schon besser an, und Ariane gibt ihm die Aufgabe, bis zur nächsten Sitzung einmal aufzulisten, welche seiner Fähigkeiten in diesen Branchen am meisten benötigt werden und wie die Marktlage, die Zukunftsaussichten und die Einstellungssituation für Manager dort aussehen. Mit diesen Aussichten verlässt Martin seinen Coach in einer fast schon optimistischen Stimmung.
Die nächste Sitzung beginnt mit einer Analyse dessen, was Martin inzwischen herausgefunden hat. Dabei stellt sich heraus, dass es keiner seiner Lieblingsbranchen sehr gut geht, aber alle einigermaßen solide sind. Das Yachtbootgeschäft sieht noch am lukrativsten aus, weil es sich an eine Kundenschicht richtet, die ziemlich unabhängig von Konjunkturschwankungen ein gesichertes Einkommen oder Vermögen hat.

Nach dieser Diagnose beschließt Martin mit seinem Coach, die Konsequenzanalyse unter Berücksichtigung dieser Branchen (Sportflugzeug, Yachten und Motorräder) zu bearbeiten. Es muss also immer wieder berücksichtigt werden, wie es diesen Branchen unter den beiden Szenarien geht.

Konsequenzen aus Szenario A

Szenario-Aussage	Europäische und speziell deutsche Konjunktur hat sich erholt, Reformen sind umgesetzt; Innovationsförderung
Chancen/Risiken	Chance/Risiko: Nur die fittesten Menschen und Organisationen überleben in dieser Wirtschaft. Risiko: Traditionsunternehmen verschwinden, und die steigende Arbeitslosenquote drückt die Bedingungen auf dem Arbeitsmarkt. Chance: Gute Entwicklungsmöglichkeiten für Produkte und Services im gehobenen Bereich.
Meine Aktivitäten	• Ich werde mich als Erstes informieren über die neuen Wachstumsbranchen und ihre Zukunftsaussichten mit Schwerpunkt meiner Lieblingsbranchen. • Ich werde meine Kontakte im Beraternetzwerk intensivieren, eventuell eine Beratertätigkeit als Alternative oder Interimslösung anpeilen. • Ich werde die bereits vorher installierten Headhunterkontakte reaktivieren, intensivieren und neue Headhunter ansprechen.

Szenario-Aussage	Weltweite Standorte dort, wo die Rahmenbedingungen am besten sind; revolutionär neue Technologien im Maschinenbau
Chancen/Risiken	Chance: Neue attraktive Jobs im Ausland Risiko: Unzureichende Sprachkenntnisse für die Arbeit im Ausland (nur Englisch als Arbeitssprache)
Meine Aktivitäten	• Ich werde mich als Erstes informieren über die attraktivsten Wachstumsstandorte weltweit. Außerdem werde ich überlegen, wo ich mit meinen Talenten am besten landen kann (völlig branchenoffen). • Ich werde mein Englisch verbessern (Sprachkurse, englischsprachige TV-Sendungen, Audiokassetten im Auto hören, Zeitungen und Romane in Englisch lesen).
Szenario-Aussage	Deutscher Maschinenbau verschwindet durch überlegene Konkurrenz aus dem Ausland
Chancen/Risiken	Chance: Neue Chancen in anderen Branchen
Meine Aktivitäten	• Ich werde mich bei den von mir präferierten Branchen umhören, aber auch für andere Branchen offen sein, die an meinem Know-how interessiert sein könnten.
Szenario-Aussage	Totale Virtualität im Geschäfts- und Privatleben
Meine Aktivitäten	• Ich werde die Kontakte mit alten Studienkollegen wieder aufnehmen, die über alle Welt verstreut sind, sowie Geschäfts- und Kontaktmöglichkeiten eruieren.

	• Ich werde ein Netzwerk der alten Maschinenbauexperten aufbauen, in dem wir uns mit Tipps und Empfehlungen helfen, neue Jobs, Beratertätigkeiten oder Ähnliches zu finden. • Dabei nutze ich vor allem die Kontakte der Kollegen zu Lieferanten, Kunden sowie Kooperationspartnern.
Szenario-Aussage	Die Kinder sind aus dem Haus, meine Frau startet karrieremäßig noch einmal richtig durch.
Meine Aktivitäten	• Ich werde die Zeit nutzen für Dinge, die ich bisher vernachlässigt habe: Meinen alten Traum der Weltumsegelung werde ich jetzt anfangen vorzubereiten, und dabei könnte ich meine Kinder besuchen.

Konsequenzen aus Szenario B

Szenario-Aussage	Mit Deutschlands Wirtschaft geht es bergab, Arbeitslosen- und Insolvenzquote steigen.
Chancen/Risiken	Chancen: Traditionsunternehmen haben noch eine Chance im inländischen Markt. Klassischer Maschinenbau ist gesundgeschrumpft und hat seine Krise überwunden, allerdings mit wesentlich weniger Arbeitsplätzen.
Meine Aktivitäten	• Ich werde weiterhin den Kontakt zur Branche und zu den Branchennetzwerken halten. • Gleichzeitig werde ich Kontakte zu meinen Präferenzbranchen aufbauen: Sportflugzeuge, Motorrad und Yachten.

	• Ich werde die bereits vorher installierten Headhunterkontakte reaktivieren und intensivieren und neue Headhunter ansprechen. • Ich werde zu Innovations-, Projektmanagement- und Umsetzungsthemen Vorträge halten und mich bei Seminar- und Kongressveranstaltern als Redner und Dozent bewerben.
Szenario-Aussage	Osteuropa boomt.
Chancen/Risiken	Risiko: Run auf die Arbeitsplätze in Osteuropa
Meine Aktivitäten	• Ich werde mich als Erstes informieren über die attraktivsten Wachstumsstandorte in Europa. Außerdem werde ich überlegen, wo ich mit meinen Talenten am besten landen kann (völlig branchenoffen). • Ich kläre für mich, ob ich Deutschland wirklich verlassen will oder nicht, und beziehe dabei auch die Familie mit ein. Vielleicht wäre es gut, völlig woanders einen Neuanfang zu wagen.
Szenario-Aussage	Der Trend geht zurück zu Heimat, Wurzeln und Zugehörigkeit.
Meine Aktivitäten	• Ich werde mich in meiner Region umhören und Kontakte, die ich in den letzten Jahren habe einschlafen lassen, reaktivieren und mich auch in einigen Klubs wieder einschreiben; eventuell im Motorradklub. • Ich nutze mein privates Netzwerk, um Ideen für mich, eine neue Arbeit oder eventuell die Selbstständigkeit zu sammeln, schließlich gibt es da ein paar Personalverantwortliche und Berater, die könnten mir einige Ideen liefern.

- Ich pflege neben den lokalen Kontakten aber auch die Kontakte weltweit, die mir immer viel Anregung und Freude gegeben haben, und zwar die privaten und beruflichen Netzwerke.

Nach der Konsequenzanalyse geht es Martin etwas besser. Er meint zwar, dass er nicht die »superinnovativen« Ideen erzeugt hat, aber die Zukunftsarbeit hat ihm Hoffnung gemacht, dass er neue Ideen umsetzen kann, an die er sich vorher nicht herangewagt hätte. Ariane weist ihn darauf ihn, dass es hier nicht auf einen Wettbewerb der innovativsten Ideen ankommt, sondern darauf, dass er Möglichkeiten findet, die zukunftsfähig sind und mit denen er sich wohl fühlt. »Das ist mal ein ganz anderes Programm, als immer der Überflieger zu sein«, schiebt sie mit einem ironischen Lächeln nach. Als Martin seinen Coach verlässt, sieht seine Welt wieder farbiger aus.

JOHNS KONSEQUENZANALYSE

An dieser Stelle des Prozesses hat John eine etwas provozierende Diskussion mit Nomonde mit dem Tenor geführt: »Was soll das alles? Wer weiß, ob ich in zehn Jahren überhaupt noch lebe«, und: »Was sollen dann diese ganzen langfristigen Gedanken?« »Damit du dein Heute und deinen Weg in die Zukunft - sofern du eine hast - mit Bewusstsein, Freude und Verantwortung gestalten kannst«, antwortet Nomonde. John lenkt ein, gegen Nomonde philosophisch anzutreten, das bringt nichts, da zieht er immer den Kürzeren. Also steigt er in die Konsequenzen ein, allerdings unter der Bedingung, dass er den Prozess nach seinem Feeling und seinen Ideen gestalten kann. Nomonde ist einverstanden, sofern hierdurch keine methodischen Fehler entstehen. John möchte, obwohl er sonst ein sehr logisch und strukturiert denkender Mensch ist, einfach mal ganz unkonventionell Ideen zu seinem Leben entwickeln, inspiriert von den Szenarien. Daher weicht die Struktur dieses Prozessschrittes von dem der vorherigen Kandidaten etwas ab.

Szenario A

Szenario-Aussage: Die westlichen Kulturen sind wirtschaftlich, technologisch und kulturell gegenüber Asien ins Hintertreffen geraten.

Johns Aktivitäten

- Ich kann mich als Mittler zwischen Kulturen engagieren bei meiner internationalen Erfahrung.

»Und was konkret willst du tun?«, fragt Nomonde.

- Ich kann mir vorstellen, für Entscheider in Europa Kurse zu geben über die Kultur, Philosophie und Mentalität anderer Kulturen, speziell der asiatischen und afrikanischen. Das müssen nicht unbedingt Bankmanager sein, sie können auch aus ganz anderen Branchen kommen. Dabei könnte ich die Kontakte zum Banken-Weiterbildungsinstitut nutzen.
- Und da die Bankenvereinigungen im Wesentlichen virtuell sind, werde ich auch die entsprechenden Plattformen bedienen mit Artikeln, Essays und Chats zu interkulturellen Themen und Fragen, zum Beispiel: »Was können wir im Westen von anderen Kulturen lernen?«, »Wie können wir Unterschiede zwischen unserer westlichen und anderen Kulturen in Synergien umwandeln?« etc.

Szenario-Aussage: Alles existiert nur noch virtuell, von Assoziationen über Organisationen und Arbeit bis zu menschlichen Beziehungen.

Johns Aktivitäten

- Ich werde genauso in dieser virtuellen Welt leben und ihre Annehmlichkeiten nutzen, aber ich werde versuchen, in meiner Vereinigung dem Ganzen einen menschlichen, realen Touch zu verleihen.

»Und wie soll das aussehen?«, wirft Nomonde ein.

- Tja, du weißt, dass ich es als Banker immer geschafft habe, dem Kapitalismus ein menschliches Antlitz zu verleihen. Warum soll ich diese Fähigkeit nicht auch bei der Umsetzung von Virtualität in Realität nutzen? Ich muss nur noch überlegen, wie das geht. Echte Menschen auf der Website, mit denen man chatten kann und die man sieht, keine Avatars, aber das gibt es ja schon. Eine andere Möglichkeit wäre, nach drei virtuellen Konferenzen eine echte Konferenz zum Programm zu machen, damit die Leute mal wieder miteinander reden, sich fühlen, sich riechen und ein Bier miteinander trinken können. Wir könnten auch Wettbewerbe oder eine Rallye einführen, die man nur absolvieren kann, wenn ein echtes Treffen stattfindet, das nicht virtuell gefälscht werden kann.
- Wir können in unserer Bankenvereinigung und im Weiterbildungsinstitut die Spielregel einführen: Der Klubsitz wechselt jedes Jahr in ein anderes Land und die echten Treffen zwischen den virtuellen finden jedes Jahr in einem anderen Land bzw. auf einem anderen Kontinent statt.

Szenario-Aussage: Es gibt nur noch virtuelles Geld mit allen positiven und negativen Aspekten.

Johns Aktivitäten

- Ich werde Artikel schreiben, Vorträge und Kurse halten für Menschen, die Probleme mit virtuellem Geld haben – schließlich ist das mein Beruf.
- Konkret könnte das so aussehen, dass ich Kontakt mit den Gruppierungen aufnehme, die kritisch zu virtuellem Geld stehen und die bereits negative Erfahrungen mit virtuellem Geld gemacht haben. Dabei ist es meine wichtigste Aufgabe, diesen Menschen die Sicherungsmöglichkeiten, die sie persönlich haben, zu erklären und sie behutsam an die neuen Technologien heranzuführen. Ihnen aufzuzeigen, dass sie mit virtuellem Geld Dinge tun können, die sie vorher ohne dieses nicht konnten, zum Beispiel Finanzgeschäfte rund um den Erdball, Einkaufen über Websites, Partnersuche für Hobby, Freizeit und mehr etc. Vielleicht gibt es irgendwann einmal den virtuellen Bordellbesuch … natürlich bezahlt mit virtuellem Geld.

»Also, man merkt schon, dass Giuliana seit längerem in Italien ist, sonst hättest du nicht solche Gedanken«, unterbricht ihn Nomonde mit einem Schmunzeln. »Aber vielleicht stimuliert das deine Kreativität, und du weißt ja, alles, was die Kreativität fördert, ist erlaubt und willkommen.«

- Ich werde einen Klub gründen, in dem ältere Menschen an neue Technologien, virtuelles Geld und was es sonst noch an technischen Innovationen in nächster Zeit gibt, herangeführt werden, und zwar nicht von ihren Enkeln, sondern von Gleichaltrigen. Die verstehen die Berührungsängste mit der Technik am besten. Das wäre überhaupt der ideale Job für pensionierte IT-Leute, die immer noch technisch begeistert sind, aber von den jungen IT-Experten oft aus dem Job gemobbt werden. Das gäbe ihnen wieder Selbstbewusstsein und Würde.

Szenario-Aussage: Auch die Weiterbildung läuft nur noch virtuell ab.

Johns Aktivitäten

- Ich werde mit meinen Kollegen das Weiterbildungsinstitut für Banker auf die totale Virtualität umstellen. Wir suchen Studenten weltweit und bereiten ein internationales Diplom – natürlich virtuell – vor.
- Damit können wir Wettbewerbe für Stipendien – international – sehr einfach ausschreiben und natürlich das ganze Studium inklusive Prüfungen virtuell gestalten. Damit können wir Kosten sparen und dies in die Entwicklung der Studienlehrgänge oder in Bildungsprogramme in der Dritten Welt investieren.

John ist ganz aufgeregt beim Gedanken an dieses neue Institut, das von ihm gestaltet wird und im Wesentlichen seine Handschrift trägt.

Szenario-Aussage: Giuliana findet ihren neuen Lebensmittelpunkt in Italien.

Johns Aktivitäten

- »Hm, das ist verdammt schwer«, schimpft John vor sich hin, »und außerdem will ich das gar nicht glauben.«

»Aber es ist nicht ausgeschlossen, und daher musst du dich mit diesem Gedanken auseinander setzen«, insistiert Nomonde.

- Also ich versuche, das jetzt mal positiv zu sehen. Italien ist nicht das Schlechteste; die Lebensqualität, das Essen und die Menschen könnten mir gefallen. Und mein Italienisch ist auch ganz passabel. Warum nicht in Italien leben! Mein Bankeninstitut kann ich virtuell auch von Italien aus leiten, und ab und an ein Aufenthalt in England dürfte kein Problem sein.

»Aber würde es dir gefallen, sozusagen als Anhängsel deiner dynamischen jungen Frau nach Italien zu gehen? Vergiss nicht, jetzt macht sie Karriere, arbeitet viel, präsentiert, reist und hat wenig Zeit für euer Privatleben. Das heißt also, du bist viel in Italien allein. Wenn ihr eingeladen werdet, dann ist sie die Hauptperson, nicht du. Du bist nur der Mann einer sehr erfolgreichen Frau.«

- Du hast mal wieder den Nagel auf den Kopf getroffen. Natürlich fällt mir das verdammt schwer. Da wird meine alte Welt völlig auf den Kopf gestellt. Aber soll ich vor lauter Eitelkeit und altem Macho, der noch in mir steckt, meine Ehe kaputtgehen lassen? Ich kann mir vorstellen, mich auf dieses Leben einzulassen. Immerhin habe ich ja noch das Institut oder bin zumindest noch einer der Berater und Gestalter. Und in der sonstigen freien Zeit, während meine Frau Karriere macht, genieße ich das Dolce Vita in Italien ... endlich mal Zeit für Kunst, Museen, Konzerte, Weinverkostungen usw.

»Na, wenn du das so siehst, dann ist mir um deine Zukunft als pensionierter Banker nicht mehr bange«, schmunzelt Nomonde. »Und was ist mit deinen Kindern?«

- Also, wenn die sich jetzt nach langer Zeit einmal rühren würden, wäre das sehr schön, aber ich muss da nicht unbedingt aktiv werden, oder?

Szenario B

Szenario-Aussage: Die USA und das alte Europa befinden sich im Aufschwung.

Johns Aktivitäten

- Hört sich gut an. Aber werde ich deswegen wieder nach USA gehen? Mein Lebensmittelpunkt ist Europa; ich fühle mich auch eher europäisch als amerikanisch. Aber vielleicht könnte ich Kontakte nach USA wieder aktivieren, alte Kollegen, Studienfreunde wieder ausfindig machen und mich umhören, was in meiner Branche läuft. Das war's aber auch schon.

Szenario-Aussage: Die Konjunktur in Europa wird besser; es gibt mehr Innovationen und Bildungsinitiativen.

Johns Aktivitäten

- Da wird es für mein Bankeninstitut schwierig, eine Marktlücke zu finden. Aber wir können uns so positionieren, dass wir die Bereiche abdecken, die das Bildungssystem nicht bedient; also zunächst einmal eine fundierte Lückenanalyse durchführen.
- Außerdem können wir das Angebot des Instituts in Richtung ethische Fragen, Think Tank für eine globalisierte und virtualisierte Welt ausdehnen, neue, gerechte staatliche Modelle ... und dann habe ich noch eine gute Idee: Das Institut bietet genau das, was du jetzt mit mir betreibst, nämlich ein Coaching für Manager zur Überleitung in den Ruhestand; und wir können das sogar für Partner anbieten, also auch die Lebens-/Ehepartner mit einbeziehen.

»Wie wär's, wenn du da mit gutem Beispiel vorangingst? Wo ist denn Giuliana, um mit dir die Zukunft gemeinsam zu entwickeln?«, wirft Nomonde mit einem leichten sarkastischen Unterton ein.
»Du weißt ganz genau, dass sie nicht da ist und auch keine Zeit hat – und im Übrigen soll hier nicht kritisiert werden, sondern wir müssen konstruktiv denken, wie du mir in den Spielregeln zu Beginn erklärt hast«, kommt es spontan von John zurück.

- Und ich habe noch eine gute Idee:
  Diese Manager geraten ständig aus der Balance, arbeiten zu viel, vernachlässigen ihre Familie, überarbeiten sich, sind gestresst, betreiben zu wenig oder gar keinen Sport. Stattdessen werden sie übergewichtig, rauchen, konsumieren zu viel Alkohol, zu viel Psychodrogen und was es sonst noch an gesundheitsschädlichem Verhalten gibt. Also für jeden, der ins Management einsteigt, können wir ein Life-Balance-Coaching anbieten. Dies kann mit und ohne Lebenspartner sein; aber auf jeden Fall in Sitzungen mit einem echten Coach – von Angesicht zu Angesicht. Und für die Probleme zwischendurch bieten wir die Life-Balance-Hotline und -Notrufnummer an.
- Und dieses Konzept lassen wir schützen und vermarkten es weltweit.

John ist bei diesem Gedanken ganz aufgeregt und in Hochstimmung, so wie früher, wenn er neue Ideen erfand. »Für jemanden, der seinen Ruhestand vorbereitet, ist das aber viel Arbeit. Wie willst du das mit deinem neuen Leben vereinbaren?«, fragt Nomonde nach. »Ganz einfach: Ich entwickle das Konzept oder, besser noch, beziehe gleich meinen Nachfolger mit ein. Ich bin dann eher der spirituelle Vater und Berater im Hintergrund für die jungen Leute, die das aufbauen. Und dann bleibt mir immer noch genug Zeit, um mein Leben mit Giuliana zu genießen, wenn sie denn Lust darauf hat ...«

ALLGEMEINE ANMERKUNGEN ZUR KONSEQUENZANALYSE

Diese Phase ist nicht ganz einfach, weil die Beteiligten sich selbst in eine neue Welt von morgen versetzen müssen, aus der sie ableiten, wie sie ihr Leben in dieser neuen Welt gestalten wollen. Dabei gilt es, alte Wege zu verlassen und Vorur-

teile beiseite zu schieben, denn Zukunft lässt sich nicht mit den Konzepten von gestern bewältigen. Daher ist auch hier wieder Geduld nötig, vielleicht lassen Sie ein paar Tage Zeit verstreichen zwischen dem ersten und dem zweiten Szenario.
Beim Rückfall in destruktives Denken (»Das geht ja alles wieder nicht, weil …«) kann ein Coach oder Freund sehr hilfreich sein, der die Spielregeln immer vor Augen hat und gegebenenfalls daran erinnert und aus dem destruktiven Denkstress wegführt.

7. Schritt: Störereignisanalyse

»Wo wäre der Verdienst, wenn die Helden niemals Angst gehabt hätten?«

Alphonse Daudet

Ziel dieses Schrittes ist es, unvorhergesehene Ereignisse vorzudenken und damit umgehen zu lernen. Vielleicht werfen Sie jetzt ein: »Das geht doch gar nicht! Wie kann man denn unvorhersehbare Ereignisse vorhersehen?« Wie im gesamten Prozess geht es hier nicht um das Vorhersehen, sondern darum, das Mögliche und manchmal auch Unmögli-

che im eigenen Kopf zuzulassen und sich damit auseinander zu setzen.
Die meisten denken in dem Zusammenhang an die Katastrophen und Schicksalsschläge, die sich im Laufe eines Lebens ereignen können. Die Liste der Schicksalsschläge ist lang; viele haben in der eigenen Familie schon Grausames und Schweres erlebt: den plötzlichen Unfalltod eines nahen Verwandten, schwere Krankheiten, Verlust von Arbeit, Haus oder, was am allerschlimmsten ist, Verlust der eigenen Würde. Keiner ist dagegen gefeit. Wir hoffen zwar immer nach dem Sankt-Florians-Prinzip, dass dies nur die anderen, aber nicht uns selbst betrifft. Aber wir sollten ab und zu einmal daran denken, dass ein Unglück jeden von uns treffen kann. Dann stellt man immer wieder fest, dass es Menschen gibt, die aus dem Tal wieder herauskommen und ihr Leben in den Griff bekommen, während andere das nicht schaffen. Das hängt auch mit der jeweiligen Persönlichkeit zusammen, aber nicht nur. Jemand, der sich gedanklich mit verschiedenen Eventualitäten auseinander gesetzt hat, ist besser in der Lage, damit umzugehen.
Hier denke ich an meine sympathischen Nachbarn, ein dänisches Ehepaar zu Beginn des Ruhestands. Dieses Paar hatte schwere Schicksalsschläge zu erleiden: Knut wurde im Alter von 39 Jahren krebskrank. Nach langer Therapie von ca. fünf Jahren attestierten ihm die Ärzte, dass er geheilt sei. Gleichzeitig stellte sein Hausarzt die Therapie um. Abends traf er sich mit seinen Freunden, um seine Genesung zu feiern, und erlitt einen Schlaganfall – wie sich später herausstellte, aufgrund der Therapieumstellung. Weitere Jahre in Klinik und Rehaklinik folgten. Am Anfang war die Prognose der Ärzte recht düster: Knut werde weder den Rollstuhl jemals verlassen, noch sprechen oder Auto fahren können. Mit eisernem Willen hat er an sich gearbeitet und dabei immer die Unterstützung seiner Frau Lisa gehabt, die in schweren Zeiten zu

MARTINS STÖREREIGNISSE

»Das Schlimmste ist ja schon eingetreten«, meint Martin. »Was soll denn da noch Schlimmeres kommen?« »Da gäbe es noch genug«, meint sein Coach. »Denk mal weiter darüber nach ...«

- Neuer Arbeitgeber ist ein Flop: Kündigung nach der Probezeit.
- Neuer Arbeitgeber macht Konkurs.
- Meine Frau nimmt ein attraktives Jobangebot in USA oder Asien an.
- Einer der Eltern oder Schwiegereltern wird ein schwerer Pflegefall und es ist keine ausreichende Versicherung vorhanden.
- Unfall oder schwere Krankheit bei meiner Frau oder meinen Kindern.
- Scheidung.
- Tod des Partners.
- Ich selbst werde schwer krank oder invalide durch einen Unfall.
- Mein eigener Tod.

JOHNS STÖREREIGNISSE

»Was soll denn da schon passieren außer meinem eigenen Tod?«, fragt John. »Da gibt es noch viel zwischen heute und morgen, Leben und Tod, was auch dir widerfahren könnte«, erwidert Nomonde. »Dann schauen wir mal ...«

- Totaler Bankrott meiner Bank, verursacht durch die Nachfolger, und damit tiefe Einschnitte in meiner Pension.
- Aufdeckung unsauberer Bankgeschäfte unter meiner Vorstandsverantwortung, von denen ich nichts gewusst habe, für die ich aber verantwortlich bin, zum Beispiel:
  - Insidergeschäfte,
  - Anlegerbetrug,
  - Geldwäsche,

  - Finanzierung von dubiosen Waffengeschäften,
  - Schmiergeldaffären,
  - Verletzung des Bankgeheimnisses oder des Datenschutzes.
- Skandale im Banken-Weiterbildungsinstitut (Veruntreuung von Geldern, Sexskandale, Verstoß gegen Gleichheitsgesetze, Betrügereien bei den Prüfungsarbeiten).
- Giuliana verlässt England aus Geschäftsgründen.
- Giuliana verlässt mich.
- Giuliana hat einen Unfall oder wird schwer krank.
- Ich selbst werde invalide oder schwer krank.
- Meinen Tod … aber das brauche ich ja nicht weiter vorzudenken?

»Oh doch«, meint Nomonde, »damit du alles für die Phase danach gut vorbereitet hast, zum Beispiel die Nachfolgeregelungen in der Bank, deinem Institut, die Erbfrage (was sollen deine Kinder und deine jetzige Frau in welcher Aufteilung von dir bekommen?). Und nicht zu vergessen: Was ist dein spirituelles Erbe für die Nachwelt und für wen? Denk neben all den materiellen Dingen mal darüber nach …« »Das ist wieder die richtige Herausforderung für mich!«

Im Folgenden werden einige Beispiele der Störereignisanalyse gezeigt, und zwar nur ein Ereignis pro Person:

CAROLINES STÖREREIGNISANALYSE

Störereignis

Kein Arbeitsplatz nach dem Studium.

Auswirkungen auf mich

Eine solche Situation wäre für mich die Katastrophe. Keine Arbeit, kein Geld, wovon soll ich leben? Ich will doch unabhängig sein von meiner Familie!

Präventivmaßnahmen

Zur Verhinderung des Störereignisses

Ich kann mich während des Studiums bereits bei mehreren Firmen bewerben, speziell bei denen, wo ich bereits Praktika gemacht habe.

Zur Immunisierung

Ich kann meine Bewerbungen auf breiter Basis aufbauen, nicht nur in Frankreich, sondern auch im Ausland, und in ganz verschiedenen Branchen. Dabei sollte ich die diversen Branchenkonjunkturen berücksichtigen.

Um Nutzen aus dem Störereignis zu ziehen

Da fällt mir spontan nichts ein. Aber vielleicht könnte ich meinen Traum der Selbstständigkeit realisieren; einige meiner Studienkollegen und ich hatten da schon so eine Idee ...

Reaktivmaßnahmen

Kurzfristig

Da werde ich wohl den nächstbesten Job annehmen. Ich habe auch kein Problem damit, in einem Restaurant zu kellnern oder im Supermarkt zu arbeiten. Am besten suche ich einen Job, der mir noch genügend Zeit lässt, nach meiner Traumstelle Ausschau zu halten.

Mittelfristig

Da bereite ich entweder meine Selbstständigkeit vor oder gehe ins Ausland, dorthin, wo es interessante Angebote gibt, entweder nach Osteuropa oder USA.

Lektion daraus

Nichts im Leben ist exakt vorausplanbar, da nichts sicher ist. Daher ist es gut, das Unvorhergesehene als neue Chance zu akzeptieren.

MARTINS STÖREREIGNISANALYSE

Störereignis

Meine Frau Isabelle nimmt ein attraktives Jobangebot in den USA an. Das ist schon seit Jahren ihr Traum. Vor 13 Jahren hatte sie bereits ein fantastisches Angebot von CNN; sie war schon in Atlanta, hatte die Zusage von CNN in der Tasche, aber sie hat darauf verzichtet, weil sie gerade schwanger war. Seitdem ist das ihr alter Lieblingstraum, und ich glaube, wenn sich die Gelegenheit ergibt, macht sie es endlich wahr, unabhängig von der Familie.

Hier unterbricht Ariane Martin und fragt nach: »Wann würde dieses Ereignis die größten Turbulenzen verursachen? Ziemlich bald oder später?« »Am schwierigsten zu organisieren wäre es wohl jetzt, da die Kinder noch nicht so selbstständig sind und ihre Mutter als Ansprechpartner brauchen.« »Gut, dann bearbeiten wir dies so, als ob es in einigen Monaten eintreten würde. Solche Störereignisse sollten immer dort auf der Zeitachse platziert werden, wo sie die signifikantesten Auswirkungen haben. Ein Störereignis zu einem Zeitpunkt einzuführen, wo es nicht mehr stört, bringt nichts für die Analyse. Hier wollen wir ja lernen, mit den schwierigen Ereignissen umzugehen.«

Auswirkungen auf mich

Also, wenn ich mir das jetzt ziemlich bald vorstelle, dann wird das sehr schwierig. Dabei gibt es zwei Varianten. Bei der ersten habe ich noch keine neue Arbeitsstelle und bin zu Hause. Bei der zweiten habe ich gerade in einer neuen Firma angefangen. Welche sollen wir denn nehmen?

»Spielen Sie doch mal beide durch, das könnte zu interessanten Erkenntnissen führen«, antwortet Ariane.

Variante 1: Ich habe noch keine neue Arbeit – Auswirkungen auf mich

Dann kann ich mich um die Kinder kümmern, wenn sie mich brauchen. Außerdem könnte ich versuchen, von zu Hause aus zu arbeiten. Da kommt mir eine verrückte Idee: Wir könnten vielleicht alle für ein bis zwei Jahre nach USA gehen. Die Kinder sind nicht schlecht in Englisch, und das würde ihnen gut tun, ein bis zwei Schuljahre in USA zu verbringen. Dann müsste ich nur noch eine Greencard erhalten und eine Arbeit in USA suchen.

Präventivmaßnahmen

Zur Verhinderung des Störereignisses

Also, das würde ich nicht übers Herz bringen, dieses USA-Engagement meiner Frau zu verhindern. Schließlich hat sie die ganzen Jahre ihre Ambitionen dem Familienleben untergeordnet und jetzt sollte sie auch mal ihre Chance haben.

Zur Immunisierung

Als Erstes werden wir alle vier mal unser Englisch aufpolieren, damit wir für so etwas gewappnet sind; das kann nie schaden. Dann könnten wir gemeinsam diskutieren, ob für uns ein Auslands- und speziell USA-Aufenthalt denkbar, machbar und reizvoll wäre.

Um Nutzen aus dem Störereignis zu ziehen

Also, ein bis zwei Jahre USA werden sicher der schönste vorstellbare Nutzen für uns alle. Ich muss halt nur sehen, dass ich in den USA arbeiten kann.

Reaktivmaßnahmen

Kurzfristig

Kinder einschulen und jetzt schon nach geeigneten Schulen Ausschau halten (im Internet kein Problem), Haus suchen etc.

Mittelfristig

Den Kontakt nach Deutschland bzw. Europa nicht abreißen lassen, um den Wiedereinstieg in das deutsche Arbeits- und Alltagsleben nicht zu verpassen (Arbeitsplatz, Schule ...).

Lektion daraus

Bei näherem Hinsehen entpuppt sich manches Störereignis als Chance.

Ariane fragt noch einmal nach, ob die Alternative, dass Martin mit den Kindern in Deutschland bleibt, noch besteht. »Sollte ich keine neue Arbeit haben, dann ziehe ich es vor, als Familie nach USA zu gehen«, kommt es wie aus der Pistole geschossen.

Variante 2: Ich habe einen neuen Arbeitsplatz – Auswirkungen auf mich
Dann wird es etwas schwieriger: Ich muss eine Haushaltshilfe organisieren und Zeit für die Kinder und ihre Probleme reservieren und wenig bis gar keine Geschäftsreisen planen (falls das machbar ist). Das wird nicht ganz einfach.

Präventivmaßnahmen

Zur Verhinderung des Störereignisses

Hier wird es knifflig. Martin ringt mit sich, ob er Isabelle dieses USA-Engagement ausreden soll. Aber dann entscheidet er sich doch dagegen. Also keine Verhinderungsstrategie oder -taktik!

Zur Immunisierung

Eventuell wäre ein Internat für die beiden Kinder das Richtige ... aber sonst fällt mir da nicht viel ein.

Um Nutzen aus dem Störereignis zu ziehen

Jeder hat die Chance, sich ungestört persönlich weiterzuentwickeln.

Reaktivmaßnahmen

Kurzfristig

Organisation des getrennten Familienlebens.

Mittelfristig

Besuche in USA in den Ferien einplanen.

Lektion daraus

Da fällt mir jetzt wirklich nichts ein ...

JOHNS STÖREREIGNISANALYSE

Störereignis

Insidergeschäfte während meiner Verantwortung, im Nachhinein aufgedeckt durch einen Journalisten.

Auswirkungen auf mich

Das wird sehr unangenehm. Zumal die Journalisten mich, den Saubermann des Kapitalismus, schon lange auf dem Kieker haben. Aber bisher konnten sie nichts finden. Das wäre jetzt endlich das gefundene Fressen. Für mich bedeutet das: sofortige Niederlegung aller Funktionen und Positionen innerhalb und außerhalb der Bank, Vernehmungen durch die Börsenaufsicht und diverse Aufsichtsgremien, Klärung der tatsächlichen Situation und eventuell Strafanzeige nicht nur gegen die Betroffenen, sondern auch gegen mich. Mein Ruf wäre mit einem Schlag ruiniert.

Präventivmaßnahmen

Zur Verhinderung des Störereignisses

Verhindern kann ich da nichts mehr, wenn es schon passiert ist. Aber für die Fälle, die noch nicht eingetreten sind, kann ich Maßnahmen ergreifen wie zum Beispiel:

- Mehrfachkontrollen durch Mitarbeiter, die üblicherweise nicht zusammenarbeiten.
- Überraschende Checks der Investmentbanker und ihrer Gepflogenheiten durch das Management.

- Sensibilisierungsveranstaltungen:
  - Aufklärung über das, was als Insidergeschäft eingestuft werden kann,
  - Aufklärung über Risiken und Konsequenzen (Strafen, Verurteilungen ...),
  - Berichte über Insidergeschäfte und ihre juristischen und strafrechtlichen Konsequenzen bei anderen Instituten, um die Achtsamkeit permanent hoch zu halten,
  - Belohnung für Hinweise auf Insiderverdacht.

Zur Immunisierung

Hier gilt alles, was unter »Verhinderung« beschrieben ist, da man nicht sicher sein kann, ob die Verhinderung greift. Zusätzlich sollten noch folgende Maßnahmen umgesetzt werden:

- Offene, vertrauensvolle Zusammenarbeit mit der Presse.
- Permanenter Kontakt mit den Aufsichtsbehörden, um rechtzeitig zu erfahren, welche Regelungen wie verschärft werden und wo mögliche Probleme auftauchen können.

Um Nutzen aus dem Störereignis zu ziehen

Man entledigt sich der Personen, die nicht ethisch korrekt Bankgeschäfte betreiben.

Reaktivmaßnahmen

Kurzfristig

Schadensminimierung: Entschädigung der Geschädigten, Versicherung in Anspruch nehmen, Entlassung der Schuldigen und offen an die Presse und die Aufsichtsbehörden gehen und informieren, auf keinen Fall versuchen, zu verschleiern.

Mittelfristig

Das Vertrauen der Kunden, Geschäftspartner, der Öffentlichkeit und Aufsichtsbehörden wiedergewinnen durch korrektes Geschäftsgebaren und transparentes Kommunizieren.
Eventuell kann ich noch einen Schritt weitergehen und intern neue Regelungen, schärfer als das Gesetz, einführen und darüber nach außen berichten.

Lektion daraus

Nie zu sicher sein, Aufmerksamkeit permanent hoch halten für alles Mögliche und Unmögliche, was passieren kann, oder wie man sagt: »Man kann nie so dumm denken, wie es kommen kann.«

EMPFEHLUNGEN FÜR DIE STÖREREIGNISANALYSE

Der schwierigste Aspekt hier ist, sich mit den wirklich unangenehmen Dingen auseinander zu setzen. Wer spielt schon gerne durch, was wäre, wenn ein schwerer Schicksalsschlag mich treffen würde und wie würde ich damit umgehen! Das heißt andererseits nicht, dass wir nur noch in Katastrophen denken und das Schlimmste befürchten sollten. Wer eine Lebensversicherung abschließt, die seine Familie im Todesfall absichert, denkt ja auch nicht permanent an seinen Tod.
Manchmal hilft auch die Frage »Was wäre das Schlimmste, das mir passieren könnte?« Als ich anfing, selbstständig zu arbeiten, habe ich mir genau diese Frage im Rahmen meines persönlichen Szenarios gestellt. Die Antwort war und ist auch heute noch: ein Unfall, eine Krankheit oder Invalidität, die mich daran hindern, das zu tun, was meine Mission ist, und meinen Lebensunterhalt zu verdienen. Also habe ich entsprechende Absicherungen in Form von verschiedenen Versicherungen und Rücklagen getroffen. Und nicht zu ver-

gessen, die Verhaltenskomponente: Ich mache heute deutlich weniger Reisen mit meinem Auto als früher, um die Unfallmöglichkeit zu reduzieren, und ein gesunder Lebensstil tut ein Übriges. Das garantiert natürlich nicht ewig währende Gesundheit, aber es hilft zumindest, selbst verschuldete Krankheiten zu reduzieren.

Auch Fragen wie »Wie können wir die Raten für das Haus bezahlen, wenn einer der beiden Verdiener arbeitslos wird?« und »Was passiert bei einer Scheidung?« sollten Sie sich stellen. Das emotionale Problem müssen Sie regeln, wenn Sie in der jeweiligen Situation sind, aber alle anderen organisatorischen, finanziellen und wirtschaftlichen Fragen sollten Sie frühzeitig in einer »Was wäre wenn?«-Übung durchspielen. So wie alle Militärstrategen sagen: »Wenn du willst, dass deine Soldaten in der Schlacht nicht zittern, dann sollten sie vorher gut trainiert haben.« Das gilt genauso für alle überraschenden und unangenehmen Wechselfälle des Lebens. Sie werden sehen, das Krisenmanagement geht Ihnen trotz allem emotionalen Stress dann besser und überlegter von der Hand.

8. Schritt: Szenario-Transfer

»Das Denken allein hat noch nichts in Bewegung gebracht, erst wenn es auf ein Ziel ausgerichtet ist und eine Handlung beinhaltet.«

Aristoteles

Ziel dieses 8. Schrittes ist es, alles, was wir seit den Szenarien an Erkenntnissen gewonnen haben, in ein praktikables, umsetzbares Konzept zu gießen.

Das beste Bild hierfür ist ein so genanntes Auslegerboot; es besteht aus einem Rumpf und zwei Auslegern. Warum gerade dieses Bild? Auslegerboote wurden im pazifischen Raum entwickelt. Die Ausleger stabilisieren ein Boot am besten bei hohem Wellengang. So kommt man auch bei rauer See sicher ans Ziel. Alle Ideen, die Sie unter beiden Szenarien A und B realisieren können, wandern in den Rumpf des Auslegerbootes, alles, was nur unter ein Szenario passt, kommt in den jeweiligen Ausleger Szenario A oder B.

In dieser Phase kommt es darauf an, möglichst viele Ideen oder auch Strategien in den Rumpf des Auslegerbootes zu packen. Wenn man nur mechanisch vorgeht, klappt das nicht. Eine brillante Strategie, die unter Szenario A entwickelt wurde, aber nicht unter Szenario B vorkommt, verdient es, geprüft zu werden, ob sie unter B passt, eventuell unter einer veränderten Form. So kann man eine robuste Leitlinie entwickeln. Robust heißt, dass diese Leitlinie oder dieses Programm an Strategien, wie immer Sie es nennen wollen, auch bei stürmischer See (wenn wir beim Beispiel des Bootes bleiben) sicher seinen angepeilten Weg machen kann.

Carolines Leitlinie

Strategien nur unter Szenario A realisierbar	Strategien unter beiden Szenarien realisierbar	Strategien nur unter Szenario B realisierbar
	Kurz- bis mittelfristig	
	Studium	
Schwerpunkt Studium und Praktika in Asien Teilnahme am Hilfsprojekt in Asien	Ich werde mindestens vier Semester in zwei verschiedenen Ländern Osteuropas studieren und das mit Auslandspraktika verbinden. Vorher versuche ich die Lebensbedingungen durch virtuelle Kontakte/Freunde und Ferien zu ermitteln.	Schwerpunkt Studium und Praktika in Südeuropa
	Sprachen	
Russisch als dritte Sprache	Mein Englisch werde ich topfit machen und dazu eventuell das Angebot der Uni (Studium und Praktikum in Hongkong und Sydney) annehmen. Spanisch werde ich fortführen und dazu noch je nach Szenario-Entwicklung eine dritte Sprache wählen.	Portugiesisch oder Italienisch als dritte Sprache

	Meine sonstigen Fähigkeiten	
	Networkingkompetenz Ich werde mich im humanen und technisch-virtuellen Networking parallel zu meinem Studium fit machen, hierbei aktiv die Angebote der Uni und der Partner-Unis nutzen. **Marketingkompetenz** Ich werde ein Praktikum bei einer renommierten Firma machen, die in Frankreich und im Ausland vertreten ist, und mich gleich von Beginn an für ein Auslandspraktikum bewerben, und zwar in den Bereichen Marketing, PR, Vertrieb, Sponsoring, Marktforschung.	
	Langfristig	
	Ich strebe langfristig an, im Ausland zu arbeiten und international Karriere zu machen. Dabei werde ich solche Länder ins Auge fassen, die gerechte Arbeitsbedingungen und gleiche Chancen für Männer und Frauen bieten. Ein weiteres Kriterium ist eine gute Infrastruktur für Familien, falls ich Familienplanung und Karriere zugleich realisieren möchte.	

	Aktivitäten außerhalb von Studium, Praktika und Beruf	
Soziales Engagement in der Familie, in einem Mehrgenerationenkontext und Organisation der Familienarbeit	Ich engagiere mich jetzt schon in Studentennetzwerken, die mir die Kontakte später im Berufsleben erleichtern. Ich werde Netzwerke zum Know-how-Austausch der Studenten in Europa und Asien initiieren oder mich einem existierenden anschließen. Ich werde meine Urlaube dazu nutzen, um meine virtuellen Kontakte in aller Welt real umzusetzen, Menschen, Kulturen und Mentalitäten vor Ort kennen zu lernen, um dann eine Zeit lang dort als Einheimische zu leben.	Neue Formen des Zusammenlebens testen

WAS FOLGT ALS NÄCHSTES?

Die Ideen und Strategien hören sich meist ganz hervorragend an. Jetzt muss aber der Abgleich zum Schritt 1 erfolgen. Dabei fragt man sich, ob die neue Leitlinie entweder mit der *Mission* und der *Vision* übereinstimmt oder ob die Leitlinie auch eine neue Vision und Mission nach sich zieht. Außerdem ist zu prüfen, wie es mit den *Werten* aussieht, welche Stärken die Leitlinie unterstützen und vor allem, welche Schwächen diese behindern.

In Carolines Fall sieht das folgendermaßen aus:
Ihre *Mission*, die Welt in einem kleinen Bereich besser zu machen, kann sie durchaus mit ihrer Leitlinie erfüllen.
Ihre *Vision*, dass man sich mit einem warmen Gefühl im Herzen an sie erinnert und dass sie etwas Sinnvolles für die Menschheit getan hat, kann sie ebenfalls mit ihrer Leitlinie erfüllen. Bei dieser Diskussion mit ihrer Freundin Marie ergänzt sie ihre Vision um den Aspekt »Unternehmerisch und humanitär etwas Wesentliches zur interkulturellen Verständigung beitragen«.
Ihre *Werte* wie Aufrichtigkeit, Gerechtigkeitssinn und Respekt für die natürliche Umwelt kann Caroline in ihrer Leitlinie verwirklichen; sie muss sich nur ab und an beim Treffen von wichtigen Entscheidungen daran erinnern.
Beim Abgleich ihrer Leitlinie mit den Stärken zeigt sich, dass alle ihre Stärken bei der Umsetzung helfen können. Schwieriger wird es mit den Schwächen: Ungeduld, mangelnde Zielorientierung und Durchhaltevermögen könnten durchaus die schöne Leitlinie und ihre Umsetzung zunichte machen. Daher vereinbart sie mit Marie, dass sie einmal im Monat darüber sprechen, wo Caroline steht und wo sie eventuell Schwierigkeiten hat. Bei Bedarf kann dann auch der Coach der Uni hinzugezogen werden.
Abschließend meint Caroline, dass diese Zukunftsarbeit ihr erst die Augen dafür geöffnet habe, wie wichtig es ist, sich international zu orientieren für ihr Studium und besonders für ihren Beruf virtuell, aber auch im menschlichen Kontakt. Wer nur in nationalen Dimensionen denkt, ist für das Europa der Zukunft schon verloren, resümiert sie ihre Erkenntnisse.

MARTINS LEITLINIE

Martin ist durch die vorherigen Schritte sehr klar in seinem Kopf, was er tun will und was auch unter unterschiedlichen Rahmenbedingungen funktioniert. Daher fasst er das Ganze in einem Aktionsplan zusammen, aber nicht ohne vorher seine Vision und Mission aus Schritt 1 überprüft und integriert zu haben.

Meine Vision: ein Mensch zu sein, der andere für ambitionierte Projekte und Vorhaben begeistert, mitreißt und befähigt
Meine Mission: Träume und Utopien zu etwas Anfassbarem machen
Mein Ziel: eine berufliche Aufgabe und Erfüllung in Einklang mit meiner Vision und Mission

Kurz- bis mittelfristig

Ich werde eine zwei- bis dreigleisige Strategie fahren, was meine berufliche Zukunft angeht; und zwar einmal die Bewerbung bei den Firmen, die mich am meisten interessieren, also Flugzeug, Yacht und Motorrad – dort als Projektleiter für Innovationen, neue Märkte, eine Position in Marketing oder Vertrieb, und zwar in ganz Europa.
Meine Parallelstrategie lautet, die Selbstständigkeit vorzubereiten. Dabei denke ich an Unternehmensberatung und Coaching zu Fragen wie Innovationsmanagement, Projektmanagement, aber alles mit Schwerpunkt Krisenbewältigung, Lösung schwieriger Fälle, »Feuerwehreinsätze«. Das könnte ich aufgrund meiner Erfahrung gut branchenübergreifend anbieten. Anfangen kann ich damit im Maschinenbau, wo ich bekannt bin und einen Namen habe. Parallel suche ich Multiplikatoren und gehe in andere Branchen.
Und dann gibt es noch die dritte Strategie, mit der ich seit der Störereignisanalyse liebäugle: mit der ganzen Familie nach USA gehen.

Das muss aber erst noch mit meiner Frau besprochen werden. Die Tatsache, dass ich jetzt arbeitslos bin, hat auch ihre positiven Seiten: Ich bin flexibler für die USA; dort hätte ich wesentlich größere Chancen, in einer Flugzeug-, Yacht- oder Motorradfirma oder in einer Maschinenbaufirma zu arbeiten. Kontakte lassen sich über Branchen- und Berufsverband, internationale Headhunter sowie mein weit verzweigtes internationales Beziehungsnetzwerk relativ leicht herstellen.

Sonstige Fähigkeiten

Sprache: Als Erstes werde ich mein Englisch auf Verhandlungssicherheit trimmen und dafür die freie Zeit jetzt nutzen. Das bedeutet: englische TV-Programme, Bücher, Zeitungen und Zeitschriften und natürlich Computerspiele mit den Kindern in Englisch.

Soft Skills: Mein Ziel ist die Perfektionierung meiner Moderations- und Coachingkompetenzen. Dazu nutze ich meine Weiterbildungsgutscheine für dieses Jahr, die ich noch nicht in Seminare umgesetzt habe. Ich habe bereits einige Seminare hierzu anvisiert, die aber in Englisch und nicht in Deutsch sind. Damit schlage ich zwei Fliegen mit einer Klappe: Verbesserung dieser Kompetenzen und meines Englisch.

Langfristig

Ich strebe langfristig an, genau das zu tun, was mir am meisten Freude macht und meiner Mission entspricht. Ich werde keine Arbeit mehr annehmen, die nur dem Argument »Gutes Gehalt« entspricht. Ich möchte für mich das verwirklichen, wozu ich mich berufen fühle: »Make mission impossible possible.« Und das kann als Freiberufler oder in einer meiner Lieblingsbranchen hier oder in USA sein.

Eins ist mir hierbei klar geworden: Ich werde nichts tun, ohne das vorher mit meiner Familie besprochen und abgestimmt zu haben. Die Zeit der einsamen Entscheidungen ist vorbei, als ich in der Überzeugung, der Haupternährer der Familie zu sein, die Familie meinen beruflichen Ambitionen untergeordnet habe.

Zum Feedback geht Ariane danach mit Martin zu Schritt 1 zurück und fragt ihn, wie sich dieser Aktionsplan mit seinen Stärken und Schwächen vereinbaren lässt. Die Stärken Martins scheinen alle geeignet, ihm auf dem beruflichen Weg zu helfen. Bei den Schwächen gibt er zu, dass er noch etwas tun muss. Seine Ungeduld, seine oft unangebrachte Härte und Aggressivität sowie seine »Besserwisserei« und Unfähigkeit zum Delegieren könnten zu Stolpersteinen werden. Er vereinbart daher mit Ariane, regelmäßig seine Fortschritte und seine Verhaltenskomponenten auf den Prüfstand zu bringen.

Wenn ich diese Zukunftsarbeit und den Verlust meiner Position in einem Satz zusammenfassen soll, dann lautet der: Endlich habe ich mich aus der Abhängigkeit meiner alten Firma befreit und sehe neue, attraktive und spannende Möglichkeiten für mich und meine Familie. Und das Beste ist: Ich weiß genau, was ich jetzt als Nächstes tun werde, um sie zu realisieren.

JOHNS LEITLINIE

John möchte etwas anderes als den üblichen methodischen Prozess und fasst seine Erkenntnisse in Aktionsplänen zusammen. Nomonde stimmt dem zu mit einigen methodischen Vorbehalten. Johns Leitlinie dreht sich um die Frage: »Was werde ich als Nächstes angehen?«

Ich habe mich immer als Mittler und Mediator verstanden und daher kommt es mir sehr entgegen, zwischen Ost und West, zwischen Kapitalismus und Sozialem zu vermitteln und darüber hinaus Synergieeffekte zu suchen. Dies beinhaltet Vorträge und eventuell Kurse für Unternehmen und für die breite Öffentlichkeit, aber auch Artikel, die ich in Print- und Online-Medien veröffentlichen werde.
Ein weiteres Thema wird sein: Wie schaffe ich einen Win-Win-Effekt zwischen Virtualität und Realität? Meine Zielgruppe hierbei werden ältere Menschen sein, die nicht den leichten Zugang zur Virtualität haben wie die Jüngeren. Dabei schlage ich zwei Fliegen mit einer Klappe: Dies gibt den älteren IT-Managern und -Experten Arbeit und sie können älteren Menschen besser die virtuelle Welt vermitteln.
Mein nächstes Thema ist das Weiterbildungsinstitut; dies wird in zwei Formen realisiert, einmal virtuell und einmal real. Beide Formen haben folgende Mission:

- Junge Bankmanager auf ihre künftigen Aufgaben in einer globalisierten und komplexen Welt vorbereiten.
- Eine Clearingstelle für Finanz- und Wirtschaftsethik sein, in Kooperation mit globalen staatlichen Zentren.
- Eine »Denkfabrik« für Fragen der Wirtschafts- und Finanzethik sein.
- Lebensbegleitende Life-Balance-Coachings für jeden Manager, der dies wünscht, durchführen.
- Ein Mittler und Synergiestifter für plurale Werte sein: Was können wir von anderen Kulturen lernen und in Synergien umsetzen?

Mein nächstes großes Thema ist mein Privatleben, und konkret meine Zukunft mit Giuliana. Ich habe mir fest vorgenommen, in meiner dritten Ehe nicht die Fehler der vorherigen Ehen zu wiederholen. Jetzt lasse ich mich wirklich auf die Bedürfnisse meiner Partnerin ein. Ich werde ihr vorschlagen, unseren Wohnsitz nach Italien zu verlegen und nur einen Zweitwohnsitz in London zu behalten. Dort werde ich ihr ein Coach sein, wenn sie mich braucht, und ansonsten das Leben genießen neben meinen Jobs für das Weiterbildungsinstitut.

»Und damit bin ich ganz auf der Linie meiner Werte, meiner Mission und meiner Vision, das musst sogar du zugeben«, meint John.
»Dem ist nichts mehr hinzuzufügen«, sagt Nomonde. »Ich werde ein wachsames Auge auf deine Umsetzung haben und gelegentlich mal mit Giuliana sprechen.«

Ich freue mich schon richtig darauf, ihr diese Entscheidungen mitzuteilen; dies wird ihr zeigen, dass ich sie als meine Frau, als Mensch und als Businessfrau ernst nehme.
Und mein Resümee: Ehrlich gesagt hätte ich mir zu Beginn der Übung nicht vorstellen können, dass ich von mir aus den Vorschlag mache, nach Italien zu gehen und nur noch von fern hobbymäßig und als Berater oder Weiser mich für den Nachwuchs der Bankenwelt engagiere.

EMPFEHLUNGEN FÜR DEN SCHRITT 8

Dies ist der kritischste Punkt im ganzen Prozess. Hier entscheidet es sich, ob wir unsere Gedanken in Taten umwandeln oder ob das Ganze ein »Papiertiger« bleibt. Die jeweiligen Coachs oder Freunde als Prozessbegleiter sind sehr wichtig, damit sie immer wieder an die reale Umsetzung erinnern, dort ermutigen, wo man verzweifelt ist, und helfen, wenn es nicht mehr weitergeht. Der Coach, Freund oder Mentor ist auch das schlechte Gewissen, wenn man die Umsetzung schleifen lässt. Nach der Leitlinie muss jeder Aktionspläne entwerfen, wie das Geplante konkret in kleinen Schritten umgesetzt werden kann.
Ein weiterer Trick ist es, dass jeder Teilnehmer an sich selbst einen Brief schreibt und definiert, bis wann er/sie welche Schritte umgesetzt haben will. Diese Briefe werden vom Begleiter oder Coach alle drei bis sechs Monate verschickt und

erinnern sehr deutlich an das, was man sich vorgenommen hat.
Was ist noch zu tun? Die spannende Frage lautet: Wo geht denn die Reise tatsächlich hin? Welches Szenario oder welche Mischform realisiert sich tatsächlich? Dies ist nicht nur interessant zu wissen, sondern hilft auch, die eigenen Aktionspläne besser an die tatsächliche Entwicklung anzupassen bzw. einen Nutzen daraus zu ziehen. Dabei schaut man in die Strategien und Ideen, die unter dem jeweiligen Ausleger stehen und integriert sie in den Rumpf des Auslegerbootes.

WIE KÖNNEN PROBLEME IM PROZESS BEWÄLTIGT WERDEN?

»Wir sollten nicht versuchen, die Zukunft vorherzusehen, sondern sie zulassen.«

Antoine de Saint-Exupéry

Voraussetzungen für einen guten Prozess – mit und ohne Coach

Die drei Beispiele dieses Buches sind aus didaktischen Gründen mithilfe eines Coachs bzw. mit Freunden aufgezeichnet worden, damit Sie, liebe Leser und Leserinnen, den Prozess besser nachvollziehen können und vor typischen Fehlern bewahrt werden. Sicher werden viele von Ihnen diesen Prozess ohne Coach angehen. Meine Empfehlung ist es dann, mit einem guten Freund diesen Zukunftsausflug durchzuführen; am besten in der Form, dass einmal der eine und dann der andere die Rolle des Coachs übernimmt. Dadurch ist Ihr Lerneffekt noch größer, Sie können sich gegenseitig helfen und Sie beide haben einen Nutzen aus dem Prozess.

Wenn Sie es trotzdem vorziehen, mit einem professionellen Coach zu arbeiten, dann sollten Sie nur jemanden wählen, der Erfahrungen mit dem Szenario-Prozess *und* mit individuellem Coaching hat. Viele Coachs, die aus der rein therapeutischen Ecke kommen, haben oft nicht die erforderliche Erfahrung mit Zukunftsarbeit. Bei der Prozessbegleitung durch einen professionellen Coach oder einen Freund, der Sie coacht, muss dieser immer eine gewisse neutrale Distanz bewahren und vor allem nachhaken, wenn Sie, also der Coachee, ausweichen und nicht auf den Grund der Frage gehen oder antworten wollen.
Während des gesamten Prozesses sollten Sie sich immer wieder klar machen, dass Sie hier mit Fragen und Aufgaben konfrontiert werden, die nicht in das übliche tägliche Schema passen. Manche Fragen werden Sie vielleicht gar nicht auf Anhieb beantworten können. In diesem Fall sollten Sie cool bleiben, nachdenken und eventuell später – das kann auch ein paar Tage später sein – noch einmal auf die Fragen zurückkommen. Der Coach oder Freund als Coach kann hier sicher helfen, indem er nachbohrt und vor allem offene, auf keinen Fall Suggestivfragen stellt. Die einzige Ausnahme, wo der Coach etwas vorschlagen kann, ist im Schritt 1 gegeben, wenn der Coachee nicht aus seinem blinden Fleck herauskommt, was seine Charaktereigenschaften, Stärken und Schwächen betrifft. Ansonsten gilt die Grundregel: Mit offenen Fragen die Augen für die Umwelt und die Zukunft öffnen.
Eine weitere Empfehlung ist die Protokollierung des Prozesses inklusive aller Zwischenergebnisse, damit Sie auch zu einem späteren Zeitpunkt nachlesen, wieder einsteigen und den Faden aufnehmen können. Dies ist immer dann zu empfehlen, wenn Sie eine wichtige Etappe auf Ihrem Weg in die Zukunft hinter sich gebracht, also einen Meilenstein erreicht haben, und sich neue Verzweigungen auftun. Außerdem ist

es immer wieder interessant, nach einer gewissen Zeit zu lesen, was man vor ein paar Jahren an Zukunftsideen hatte, was davon man wie realisiert hat, was teilweise oder nicht gekommen ist und welche Annahmen ins Schwarze trafen.
Ich hatte vor einigen Jahren mal wieder meine persönlichen und beruflichen Szenarien erstellt und mich selbst – so, wie ich das gerne mache – sehr herausgefordert und provoziert. Um mich auf innovative Ideen zu bringen, habe ich in einem Szenario die Aussage getroffen: »Es gibt kein klassisches Consulting mehr und meine Services werden von intelligenten Plattformen oder Robotern übernommen.« Das ist natürlich harter Tobak für jeden Consultant. In der Konsequenzanalyse habe ich eine Reihe von Ideen entwickelt, was ich statt meines klassischen Consultings machen werde, angefangen von Consulting für wissensbasierte Webplattformen bis zu Coaching und Consulting in Entwicklungsländern. Das Thema, dass meine Arbeit durch eine intelligente Plattform ersetzt werden sollte, hat dann aber doch gewaltig in mir genagt und gearbeitet. Und das Schlimmste war, dass ich, die ich normalerweise immer eine gute Problemlöserin bin, weder eine gute Lösung noch eine Idee oder Strategie gefunden habe.
Ein paar Jahre später wurde ich von der Universität in Sophia Antipolis angefragt, ob ich bei einem E-Learning-Projekt mitmachen möchte. Ich habe zugesagt und dabei festgestellt, dass dies genau die Strategie war, um mit dem virtuellen Consultant umzugehen. Dabei habe ich gelernt, dass meine bisherigen Didaktikmethoden völlig wertlos waren, weil in einem virtuellen Prozess die Didaktik ganz anders sein und völlig neu erfunden werden muss. Ich habe mich mit großer Begeisterung auf diesen neuen Prozess eingelassen, dabei sehr viel gelernt, sehr viel Zeit mit Entwicklungsarbeit verbracht, Neues für mich und meine Arbeit entdeckt und für meine Studenten weiterentwickelt.

Was ich damit zeigen möchte, ist, dass man sich auf solche extremen Veränderungen einlassen soll. Man entdeckt etwas völlig Neues, das einen nicht nur in seinem eigenen Denkprozess weiterbringt, sondern auch noch begeistert. Also lassen Sie sich nicht durch die vielen Unkenrufe verunsichern, dass alles noch viel schlimmer und schrecklicher ist, als es ohnehin schon aussieht. Denken Sie an Paul Watzlawick, der sagte, dass in allem Schlimmen auch ein Gutes steckt – und es lohnt sich, das herauszufinden. Dann entdecken Sie völlig neue Welten!

Zu wenig Zeit

Wenn Sie diese Überschrift lesen, werden Sie wahrscheinlich lachen. Das ist doch das Grundübel unserer Zeit: Alles dreht sich immer schneller und wir kommen kaum noch nach, um mit den Veränderungen mithalten zu können. Aber jetzt sage ich etwas Provozierendes, das Ihnen sicher nicht gefallen wird: Unser Problem ist nicht die fehlende Zeit, sondern unsere Unfähigkeit, Prioritäten zu setzen. Denken Sie mal kurz nach: Selbst der viel beschäftigte Manager, der sonst Zeit für nichts hat, findet interessanterweise Zeit zum Golfspielen. Und warum? Weil Golf für ihn sehr wichtig ist, weil es ihm nicht nur Spaß macht, sondern weil er gleichzeitig sehr entspannt Geschäftskontakte pflegen kann. Und genauso geht es jedem von uns: Für das, was uns wirklich wichtig ist, nehmen wir uns ganz einfach die Zeit und vernachlässigen dafür anderes. Wenn das Fußballspiel für Ihn und der Ratsch mit der Freundin im Café für Sie wichtig ist, dann findet man auch tatsächlich die Zeit dafür. Das Gleiche gilt für Yoga-, Judo-, Golf-, Segel-, Flug- oder Tauchkurse. Was uns wirklich am Herzen liegt, hat kein Problem, verwirklicht zu wer-

den. Wenn wir uns allerdings beklagen, dass wir nicht dazu kommen, etwas Bestimmtes zu tun, dann hat dies offensichtlich nicht die oberste Priorität für uns. Das, was uns wirklich wichtig ist, bekommt dagegen immer einen Platz in unserem Terminkalender und hat damit die Priorität, die ihm gebührt.
Das Argument »Ich habe keine Zeit, um eine bestimmte Arbeit durchzuführen«, ist damit entkräftet. Trotzdem ist das alles natürlich nicht so einfach: Sie müssen sich organisieren, um die Zeit und vor allem die Ruhe und die Gelassenheit für eine solche Aufgabe zu finden. Und daher möchte ich Ihnen jetzt einige Tipps geben, damit Sie unterwegs nicht aufgeben.

So meistern Sie Organisationsprobleme

- Geben Sie sich *genügend Zeit* für den gesamten Prozess und sehen Sie lieber etwas mehr Zeit vor, als Sie ursprünglich veranschlagen. (Wer glaubt, er kann den gesamten Prozess an einem Wochenende durchziehen, hat schon verloren, bevor er angefangen hat.) Planen Sie lieber für je zwei Prozessschritte zwei Tage oder ein Wochenende ein. Das mag sich zwar jetzt nach sehr viel Arbeit anhören, aber Sie werden kaum wie in einem Firmenworkshop von morgens bis abends ohne Unterbrechung und Störung an Ihrem Thema arbeiten können. Da ist ja schließlich noch die Familie, die auch mal was von Ihnen will. Sollten Sie tatsächlich schneller sein, dann ist das natürlich auch in Ordnung. Aber wenn Sie sich den Zeitrahmen zu kurz gesetzt haben und dann in Zeitnot geraten, fängt der Stress erst richtig an. Und das Letzte, was Sie hier gebrauchen können, ist zusätzlicher Zeitstress. Also ganz cool planen und cool bleiben!

- *Ungestörtheit* ist ein weiterer sehr wichtiger Aspekt. Das lässt sich auf zwei verschiedene Arten regeln:
  - Entweder man geht in Klausur, das heißt in ein Hotel, auf eine Almhütte oder auf ein Boot, wo man nicht gestört wird durch Familie, Freunde, Kollegen und Nachbarn. Voraussetzung für ein Gelingen ist allerdings das konsequente Abschalten aller Kommunikationsmedien, also Telefon, Handy, Internet, E-Mails, Messenger, Skype und wie die netten modernen »Terroristen der permanenten *Erreichbarkeit*« auch alle heißen mögen.
  - Oder man bleibt zu Hause und definiert ganz klare Spielregeln mit der Familie, wann und warum man nicht erreichbar ist. Daran müssen sich alle halten. Am besten ziehen Sie sich in ein Arbeits- oder Gästezimmer zurück, das an diesem Wochenende tabu ist für alle anderen. Sollten Sie Single sein, gestaltet sich das ungestörte Denken und Arbeiten hier natürlich wesentlich einfacher.
  - Am besten wäre es, wenn Sie sich für diese Zeit in die Wohnung oder das Haus eines Coachs oder Freundes zurückziehen. Dies hat den Vorteil eines anderes Ambientes, das nicht Ihr Zuhause ist. Allein dadurch werden schon andere Gedankengänge stimuliert. Außerdem lässt sich die An- oder Abwesenheit in einem anderen Ambiente wesentlich besser steuern. Hier haben Sie weniger Erklärungsnot und Verpflichtungen.
  - Wenn ich diese Möglichkeiten bezüglich ihrer Effizienz bewerten sollte, dann ist meine erste Priorität die Klausur an einem neutralen Ort wie Hotel etc., die zweite die Wohnung des Coachs oder Freundes und die dritte Ihr eigenes Zuhause.

- *Selbstdisziplin:* Was nützt es, wenn ich meine Kommunikationsmittel abschalte, aber alle drei Stunden Mails, Messages, SMS und Ähnliches abfrage, ob nicht irgendwer was furchtbar Wichtiges und Dringendes von mir will? Seien Sie versichert: Die Welt geht nicht unter, wenn Sie nicht innerhalb der nächsten drei Stunden antworten. Im Gegenteil, die Menschen, mit denen Sie zu tun haben, werden es respektieren und sogar innerlich vor Ihnen den Hut ziehen, wenn Sie ihnen rechtzeitig mitteilen, dass Sie mal für eine Zeit lang nicht erreichbar sind, unter der Voraussetzung, dass dieser Zeitrahmen nicht schwammig, sondern ganz klar definiert ist, als zum Beispiel: »Am folgenden Wochenende von Samstag 9.00 bis Sonntagabend 18.00 Uhr bin ich nicht erreichbar.«
- *Innere Ruhe und Gelassenheit:* Ja, auch das braucht es. Sie gehen auf die vielleicht wichtigste Entdeckungsreise Ihres Lebens, in die Tiefen Ihres Ichs, und dann erkunden Sie auch noch die Zukunft – ein größeres Abenteuer können Sie nicht unternehmen! Daher brauchen Sie innere Ruhe, Gelassenheit, Geduld mit sich selbst und Mut.
- *Innere Ruhe* ist insofern wichtig, als Sie während des Prozesses oft genug beunruhigt und erschüttert werden. Die Fragen, die Sie sich stellen, sind alles andere als angenehm, und das Finden der Antworten ist oft noch ungemütlicher.
- *Gelassenheit:* Sie haben bis jetzt Ihr Leben mehr oder weniger gut gemeistert. Jetzt fangen Sie etwas Neues an, und das muss erst erlernt werde. Der Prozess ist ohnehin anspruchsvoll, und wenn Sie das mit Hektik und Stress angehen, haben Sie kaum eine Chance, diesen Prozess zu meistern und Ihr Leben zu ändern.
- *Geduld:* Man hat heute das Gefühl, dass diese Eigenschaft am Aussterben ist. Wer hat noch Geduld? Weder mit sich selbst noch mit anderen oder gar mit den Lebensumstän-

den. In diesem Prozess müssen Sie geduldig sein mit sich selbst, weil Sie oft gar nicht schnell eine Antwort finden. Sie brauchen Zeit und Geduld zum Nachdenken, und manchmal hilft es auch, eine Nacht darüber zu schlafen.

- *Mut:* Wenn Sie alle diese vorgenannten guten Eigenschaften beherzigt, also Ihre Zukunftsreise logistisch und planerisch vorbereitet haben und in letzter Minute – Sie sind mit Ihrem Flugzeug schon auf der Piste – der Mut Sie verlässt, dann werden Sie nicht abheben, sondern aussteigen und abbrechen. Mut brauchen Sie, um abzuheben, um den sicheren Boden zu verlassen und sich auf dieses Abenteuer einzulassen. Nur so können Sie ins Ungewisse, zu neuen Sphären aufbrechen und völlig neues Land entdecken.

So bewältigen Sie methodische Schwierigkeiten

Wenn man die ganze Organisation einigermaßen gemanagt und sich auf den eigentlichen Prozess eingelassen hat, dann tauchen sicher an der ein oder anderen Stelle methodische Schwierigkeiten auf. Das ist nichts Beunruhigendes, sondern ganz normal. Also keine Panik, sondern ruhig Blut! Wenn Sie mit methodischen Schwierigkeiten konfrontiert sind, dann gibt es nur eines: Noch mal im jeweiligen Schritt die methodischen Instruktionen und eventuell die Antworten von Caroline, Martin und John nachlesen. Das kann in vielen Fällen die Blockade beseitigen. Sollte das immer noch nicht helfen, dann wenden Sie sich an Ihren Coach oder an Ihren Freund, der die Rolle des Coachs übernimmt.

Eine andere Methode ist, einfach mal etwas ausprobieren. Was können Sie denn schon verlieren, außer Zeit?! Aber gewinnen können Sie viel! Die Erfahrung, die Sie bei einem Experiment machen, ist vielleicht eine wichtige und bereichernde für Ihr Leben. Also Mut zur Zukunft und zum Prozess! Sie müssen hier keine Prüfung ablegen; aber Sie tun etwas sehr Wichtiges für Ihr Leben. Und vergessen Sie nicht: Sie sind der Manager Ihres Lebens, und diesen Job oder besser diese Aufgabe kann Ihnen niemand abnehmen. Den müssen Sie ganz allein ausfüllen, und zwar gut, sonst verpfuschen Sie das Wichtigste in Ihrem weiteren Leben, nämlich Ihre eigene Zukunft. Also Mut zum Experiment, zum Ausprobieren (es ist noch kein Meister vom Himmel gefallen!), und vielleicht führen methodische Fehler Sie zu neuen Erkenntnissen! Wir wissen aus der Naturwissenschaft, dass falsche Versuchsanordnungen bzw. falsche Annahmen zu revolutionären Erkenntnissen geführt haben (der berühmte Apfel, der Newton auf den Kopf gefallen ist, die Anordnung des Benzolringes etc.). Also keine Angst vor Fehlern, solange Sie diese als solche erkennen, sie analysieren und daraus für die Zukunft lernen.

Fördern Sie Ihre Kreativität

Kreativitätsprobleme sind in der Tat ein schwieriges Problem. Was mache ich, wenn meine Kreativität mich dann, wenn ich sie am meisten brauche, im Stich lässt? Da hilft kein Jammern wie: »Ich bin nun mal nicht kreativ« oder: »Ich breche die ganze Übung ab, das macht ja eh keinen Sinn«, sondern da müssen Sie durch. Deshalb ist es wichtig, einige Tricks und Methoden zu kennen, um Ihre Kreativität wieder in Schwung zu bringen.
Als Erstes müssen Sie dazu wissen, welcher Kreativitätstyp Sie sind. Sind Sie ein visuell, auditiv, kinästhetisch, olfaktorisch oder gustativ stimulierbarer Mensch? Viele von Ihnen

werden auf diese Frage vermutlich nicht sofort eine Antwort geben können. Damit Sie Ihrer Kreativität auf die Spur kommen, lade ich Sie deshalb zu einer kleinen Übung ein. Keine Bange, das dauert nicht lange.

Lehnen Sie sich entspannt zurück und versuchen Sie sich zu erinnern, wann Sie das letzte Mal so richtig kreativ waren – also eine Situation, die keiner lösen konnte, aber Sie haben eine hervorragende oder originelle Lösung gefunden. Das kann eine berufliche oder private Situation sein, Hauptsache, Sie haben sie pfiffig und kreativ gelöst. Sie werden sicher nicht sofort eine solche Situation finden. Aber lassen Sie sich Zeit, geben Sie Ihrem Unterbewusstsein die Aufgabe, die Kreativsituation zu finden. Und jetzt vergessen Sie das alles und machen etwas ganz anderes, zum Beispiel lesen, Musik hören, tanzen, Hobbykeller aufräumen, etwas reparieren, im Garten arbeiten, Sport treiben, kochen, Hund ausführen – egal, es sollte nur etwas sein, worauf Sie jetzt gerade Lust haben. Während dieser Beschäftigung, die Sie völlig von der eigentlichen Frage ablenkt, arbeitet Ihr Unterbewusstsein weiter und vergleicht alle visuellen, auditiven, kinästhetischen, olfaktorischen und sonstigen Sinneseindrücke mit Ihrer Suche nach der Kreativsituation. Und plötzlich fällt sie Ihnen wieder ein, während Sie gerade die Bohrmaschine ansetzen, Blumen schneiden, kochen oder joggen. »Heureka, ich hab's«, haben die alten Griechen in einer solchen Situation ausgerufen. Sie wissen gar nicht mehr, wie Sie darauf gekommen sind, aber die Erinnerung an Ihre kreative Meisterleistung ist wie der Blitz aus heiterem Himmel da.
Jetzt, wo die Situation mit Ihrer kreativen Meisterleistung wieder vor Ihrem inneren Auge steht, gehen Sie noch einmal ganz genau in diese Situation hinein, als Sie damals auf den Geistesblitz kamen. Wo waren Sie? In einem Gebäude, und wenn ja, wo? In der Natur? Allein, mit anderen Men-

schen (mit wenigen oder vielen?) oder mit Ihrem Hund? Was haben Sie damals gesehen? Was hat Sie angezogen und was hat Ihr Gedächtnis gespeichert? Ein Bild? Ein Tier? Eine Pflanze? Das Gesicht eines Menschen? Was haben Sie gehört? Musik? Wenn ja, welche? Oder haben Sie Geräusche der Natur oder die einer pulsierenden Stadt gehört? Wenn ja, welche? Was haben Sie in diesem kreativen Moment getan, im Bauch gespürt? Waren Sie freudig erregt, weil Sie ins Theater wollten oder jemanden treffen, der Ihnen viel bedeutet? Welche Gerüche und Düfte haben Sie umgeben, als Sie Ihre Idee hatten? Der Duft von frischem Kaffee oder frisch gebackenem Brot? Der Duft von bestimmten Blumen? Das Parfum eines Menschen? Welchen Geschmack hatten Sie im Mund? Haben Sie gerade etwas gegessen oder getrunken, und wenn ja, was?
Es ist wichtig, dass Sie alle sinnlichen Eindrücke, die Sie damals in der »Geistesblitzsituation« hatten, wieder aufrufen. Und wenn Sie alle diese sensorischen Aspekte gesammelt haben, schreiben Sie diese bitte genau auf, und zwar am besten im Zeitraum von ca. zehn Minuten vor dem Geistesblitz bis zu ihm selbst. Jetzt schauen Sie sich Ihre Aufzeichnungen an und Sie werden einen ersten Hinweis auf Ihr Kreativmuster finden.
Wissenschaftlich abgesichert ist das natürlich noch nicht. Um sicherzugehen, suchen Sie jetzt noch nach einer weiteren Kreativsituation und gehen bei ihr die gleichen Fragen wie vorhin durch. Wenn Ihnen das Spaß macht, suchen Sie noch eine dritte Situation. Jedes Mal schreiben Sie Ihre sensorischen Eindrücke auf. Wichtig ist es dabei, dass Sie wirklich detailliert wiedergeben, was wie abgelaufen ist, damit Sie diesen Prozess zu einem späteren Zeitpunkt wiederholen können. Dies nennt man »Modelisieren«.
Jetzt vergleichen Sie Ihre Aufzeichnungen. Sie werden feststellen, dass es immer wieder ähnliche Sinneswahrnehmun-

gen sind, die Ihrer Kreativität Flügel verleihen. Wenn Sie das nächste Mal Ihrer Kreativität einen Schub geben wollen, dann stellen Sie genau die Situationen und Sinneseindrücke wieder her, die damals den Geistesblitz erzeugt haben.

Damit das Ganze nicht nur theoretisch bleibt, sage ich Ihnen, was mich kreativ macht.
Während ich dieses Buch schrieb und immer mal wieder gute Ideen brauchte, nutzte ich die folgenden Möglichkeiten, um meiner Kreativität auf die Sprünge zu helfen. Sie helfen mir auch in anderen Situationen, in denen ich kreativ sein »muss«:

- Ich gehe weg vom Computer und vom Schreibtisch.
- Ich stelle mich vor eines meiner Lieblingsbilder (sehr modern, sehr farbenfroh) und versenke mich einfach in das Bild. Dabei vergesse ich völlig meine Arbeit, zum Beispiel dieses Buch. Ich schaue mir die Farben und Formen an und lasse mich in das Bild hineinziehen. Dann kommen auch schon Empfindungen hoch: Sommer am Meer, Geruch des Meeres, Wellenrauschen, angenehme Wärme auf der Haut etc. Das dauert ungefähr 10 bis 15 Minuten. Spätestens nach 15 Minuten schwirren die ersten Einfälle durch meinen Kopf. Dann geht es natürlich wieder zurück an den Computer, um sie aufzuschreiben. Oder ich skizziere, skribble oder zeichne etwas auf, wenn ich nicht die richtigen Worte finde.
- Sollte das keinen Erfolg zeigen, gehe ich in den Garten und schneide verblühte Blumen ab oder jäte Unkraut. Dabei passiert es automatisch, dass ich meine Arbeit vergesse. Der Garten, die Blumen, die Erde mit ihren Farben, Formen und Gerüchen nehmen meine ganze Aufmerksamkeit in Anspruch. Das Einzige, was meinen Kopf jetzt beschäftigt, ist der Garten und Gedanken wie: »Dort

müsste mal umgegraben, da müsste gejätet werden, die Palme braucht einen neuen Schnitt, der Mandarinenbaum müsste gedüngt werden und die Zypressenhecke schreit nach ihrem jährlichen Nachschnitt.« Ich vergesse völlig, dass ich noch vor wenigen Minuten stirnrunzelnd auf der Suche nach einer Lösung vor meinem Computer gesessen habe. Und plötzlich, wie aus dem Nichts, tauchen sie auf, die Ideen ... und ich lasse abrupt mein Werkzeug dort fallen, wo ich gerade bin, und laufe zurück ins Büro, um meine Ideen sofort festzuhalten.

- Sollte ich keine Lust auf Gartenarbeit haben oder es ist zu kalt oder es regnet (das kommt auch in Südfrankreich mal vor, und Ausreden finden sich immer, wenn man etwas nicht tun will), dann wende ich die Lieblingsmethode meines Hundes an: ein schöner, langer Spaziergang in der Natur mit Joggingphasen und Spielzeugwerfen.
- Wenn es aber schon dunkel ist, der Hund und ich schon den Spaziergang hinter uns haben, kommen meine nächsten Kreativitätsjoker. Und die heißen für mich Beethoven, Brahms, Mendelsohn Bartholdy, Rachmaninow, Tschaikowsky. Bevor ich die CD einlege, geht mir schon eine bestimmte Melodie durch den Kopf – und das ist dann genau die Musik, die mir die Kreativität zurückbringt. Diese Musik hilft mir übrigens nicht nur am Abend, sondern zu jeder Tag- und Nachtzeit.
- Und dann gibt es noch etwas, das meiner Inspiration hilft: Da ich ein »Nasenmensch« bin, brauche ich auch Düfte. Nicht irgendwelche, sondern Weihrauch, der in großen Mengen während des Schreibens dieses Buches verbrannt wurde und mir Kommentare von Freunden einbrachte wie: »Bei dir im Büro riecht es wie in einer Kirche.« Na und? Mir hat es geholfen – und das ist wichtig.

Sie müssen das jetzt bitte nicht exakt umsetzen! Ich höre schon Stimmen wie: »Ich hasse Gartenarbeit«, »Beethoven finde ich schrecklich« oder »Von Weihrauch wird mir schlecht«. Das sind *meine* Kreativitätsmuster; Sie haben sicher ganz andere, die Sie selbst herausfinden müssen. Dann probieren Sie diese in verschiedenen Lebenslagen aus und passen Sie immer wieder an die jeweilige Situation an. Ich kenne Phasen, da macht mich Musik einfach nur nervös; das gleiche Klavierkonzert, das mir gestern noch meinen kreativen Kick gegeben hat, stört mich heute, weil ich jetzt einfach nur Stille brauche. Also immer wieder ausprobieren, die Methode an die individuelle Situation anpassen – und auch im Prozess zur Steigerung der Kreativität erfinderisch sein. Ihre Intuition – sofern Sie diese in sich zulassen – wird Ihnen sicher den richtigen oder neue Wege zeigen.
Hier möchte ich einen kurzen Exkurs ins Ambiente und seine Bedeutung für die Kreativität machen. Wir haben schon beim Modelisieren gesehen, dass bestimmte Rahmenbedingungen Kreativität fördern. Dabei sollte man nicht vergessen, dass es auch Rahmenbedingungen gibt, die Kreativität gar nicht erst entstehen lassen oder sie zerstören. Der Raum, in dem Sie arbeiten, denken, kreativ sind und/oder zukunftsorientiert arbeiten wollen, sollte alle Voraussetzungen mitbringen, die Ihren Kopf und Ihre Seele beflügeln. Auch das ist sehr individuell; hängen Sie die Bilder oder Fotos auf, die Ihnen gefallen, die positive Erinnerungen wachrufen. Vielleicht einen der schönsten Momente des letzten Urlaubs mit der Familie oder dem Lebenspartner. Wann immer Sie dieses Foto anschauen, kommt die damalige lockere, angenehme, sorglose Urlaubsatmosphäre wieder hoch. Dieses Foto dient als Ressource, um sich vom aktuellen Problem zu lösen und eine Kreativität auslösende Stimmung in Ihrem Kopf oder Herz (wo immer Sie diese Stimmung lokalisieren wollen) zu erzeugen. Wer Zimmerpflanzen liebt, soll den

Kreativraum damit schmücken, und zwar unabhängig vom Geschmacksempfinden anderer Menschen oder von dem, was Designer und Innenarchitekten raten. Es ist Ihr Kreativraum und nur Sie wissen, was Ihnen gut tut. Das Gleiche gilt für Möbel, Sessel, Sofas: Ihre Wohlfühlstücke müssen es sein. Manchmal gibt es auch Möbelstücke mit bestimmten Erinnerungen; nehmen Sie bitte nur die, an die Sie positive Erinnerungen haben, also nicht die besonders kostbare Kommode der geizigen Tante, die Sie ohnehin nie leiden konnten ...

Während ich das schreibe, sehe ich mich in meinem Büro um und kann das, was ich schreibe, nur bestätigen. Die Ölgemälde sind von meinem Lieblingsmaler aus St. Paul, der inzwischen ein guter Freund geworden ist. Das Sofa, der Sessel und der Teppich, der ebenfalls ein Kunstwerk ist, habe ich nach langem Suchen gefunden. Der Brunnen, die Buddha-Statue und die Lampen haben alle eine kleine Geschichte, die mit positiven Erinnerungen verbunden ist. Das Foto meiner vor kurzem verstorbenen Mutter ist ein Foto, das sie 76-jährig im Gymnastikanzug zeigt – schlank, sportlich, dynamisch, voller Energie und Lebensfreude –, so, wie ich sie in meiner Erinnerung gespeichert habe. Und wenn ich an sie denke, sehe ich diese kleine, vor Energie und Kraft strotzende Frau vor mir, die mir in Phasen der Niedergeschlagenheit oder der Suche nach Kreativität in ihrer unnachahmlichen Art Mut zuspricht. Das sind positive Verankerungen, die immer wieder helfen. Natürlich gibt es auch eine hervorragende Stereoanlage in meinem Büro, um die Kreativitätsmusik zu hören, und selbstverständlich auch Pflanzen, nicht nur Grünpflanzen, sondern auch etwas Blühendes auf meinem Schreibtisch. Dafür ist immer Platz, und das bringt mich dazu, den Arbeitsplatz aufgeräumt zu halten. Dafür gibt mir die Blume etwas, nicht nur Farbe, Duft und Schönheit, sondern sie inspiriert mich auch.

An dieser Stelle noch ein Wort zu Ordnung und Unordnung. Ich höre schon die Stimmen, die mir glaubhaft versichern wollen, dass Chaos zur Kreativität gehöre wie die Inspiration oder der Geistesblitz. »Das Genie überblickt das Chaos, nur der Kleingeist braucht Ordnung«, und wie die Sprüche alle heißen. Das können Sie weiterhin halten, wie Sie wollen. Aber lassen Sie sich doch mal auf ein kleines Experiment ein!

Die Chinesen sagen in ihrem jahrtausendealten Feng Shui, dass die erste Übung zum erfolgreichen Gestalten seines Lebens mit der Reinigung und dem Aufräumen bzw. Ausräumen beginnt. Klingt banal, ist aber wie viele einfache Weisheiten richtig. Gehen Sie mal durch Ihre Wohnung und suchen Sie die Ecke, das Zimmer oder den Schrank, wo Sie schon lange nicht mehr aus- bzw. aufgeräumt haben. Gehen Sie diese Stelle an, räumen Sie alles aus und sortieren Sie nach folgenden Kategorien: wegwerfen, an jemanden weitergeben, der es gebrauchen kann (zum Beispiel Kleider ans Rote Kreuz oder wen auch immer, der bedürftig ist), oder weiternutzen. Dabei sagen die Chinesen, jedes Kleidungsstück, das man seit über einem Jahr nicht mehr getragen hat (ausgenommen Kleidung für ganz spezielle Anlässe), kann man getrost weggeben. Das Gleiche gilt für Haushaltsgeräte, Werkzeuge, Spiele etc. Wenn Sie das richtig befolgen, dürfte beim Einräumen (nach vorheriger Reinigung) viel Platz sein im Schrank, in der Kommode und wo auch immer Sie Ihre Entrümpelungsaktion gestartet haben. Dieser leere Platz sollte nicht sofort wieder aufgefüllt werden, sondern ganz bewusst leer bleiben, denn er steht symbolisch für die eigene Mitte, für das Neue, das auf uns zukommt, und die Offenheit, mit der wir das Neue in unser Leben aufnehmen.

Und jetzt hören Sie einmal in sich hinein, fühlen Sie, wie es Ihnen geht nach dieser Aktion. Sie werden Folgendes feststellen: Sie fühlen sich besser, leichter, beschwingter, unter-

nehmungslustiger. Es ist, als ob ein großer Ballast von Ihnen weggenommen wurde. Sie haben auf einmal wieder den Kopf frei für Neues und vielleicht sogar Kreatives, besonders wenn diese Aktion in Ihrem Büro zu Hause stattgefunden hat. Der so oft karikierte und belächelte Frühjahrsputz hat mehr mit Therapie, innerer Reinigung und Aufbruch zu Neuem zu tun als mit Putzfimmel und Reinlichkeitswahn.
Daher räumen Sie Ihr Büro oder häusliches Arbeitszimmer auf, *bevor* Sie sich an Ihre Zukunftsgestaltung wagen. Ihr Geist ist freier, lockerer und in Höchstform. Wenn ich manche zugemüllte Büros mit Aktenbergen bis unter die Decke sehe, bekomme ich Beklemmungen, aber keine guten und kreativen Gedanken. Vergessen Sie nicht, unsere Umgebung ist der Spiegel unseres Inneren. Oder wollen Sie wirklich, dass es in Ihrem Inneren so unaufgeräumt, zugemüllt und chaotisch zugeht wie in Ihrem Arbeitszimmer?
Wir alle wissen, ob in der Firma oder im Büro zu Hause: Kein Mensch kann permanent topproduktiv oder topkreativ sein. Es gibt immer Aufs und Abs der persönlichen Hochs und Tiefs, die natürlich auch von der physiologischen Leistungskurve abhängen. Wir wissen alle, dass kein Mensch nach einem schweren Mittagessen kreative Höchstleistungen vollbringt. Also müssen wir herausfinden, wann unsere beste kreative oder intellektuelle Phase üblicherweise kommt. Der Morgenmensch ist in der Früh am produktivsten und der Abendmensch kommt oft erst nach 17.00 Uhr so richtig auf Touren. Finden Sie heraus, wann Sie üblicherweise am produktivsten und kreativsten sind. Diese Erkenntnis, kombiniert mit dem Modelisieren, was Sie sensorisch genau kreativ macht, hilft enorm, Ihr Kreativitätspotenzial zu steigern.
Sicher können Sie bestimmte sensorische Vorlieben bei sich ermitteln, also beispielsweise, dass Sie visuell besser ansprechen als auf auditive oder kinästhetische Reize. Die meisten Menschen sprechen – bedingt durch unsere Medienwelt –

eher auf visuelle Reize an, alles Gesagte muss heute visualisiert werden. Ein schönes Beispiel hierfür sind Telefone und Mobiltelefone, die nicht mehr ohne visuelle Unterstützung – multimedial, mehrfarbig und animiert etc. – denkbar sind. Wenn Sie zu dieser Gruppe gehören, dann wissen Sie, dass Sie Ihre Kreativität visuell anstoßen können. Das kann heißen, Bilder, Fotos, Kunstwerke oder Filme anschauen, manche behaupten auch, das gehe mit Computerspielen. Es kann auch das Betrachten der Natur, einer Landschaft sein. Wenn Sie ein eher kontemplativer, visueller Mensch sind, dann müsste das bei Ihnen die gewünschte Wirkung erzeugen.

Wenn Sie ein auditiver Kreativitätstyp sind, dann brauchen Sie Musik, und zwar ganz bestimmte. Welche, das müssen Sie selbst herausfinden. Andere auditive Menschen brauchen keine Musik, sondern Geräusche, vielleicht Geräusche der Natur, Vogelstimmen, Blätter im Wind, Wassergeräusche, zum Beispiel ein kleiner Wasserfall, ein Brunnen in der Wohnung. Motorsportfans lassen sich durch die Geräusche von Motorrädern, Formel-1-Rennwagen oder Flugzeugen kreativ stimulieren.

Wenn Sie zur Gruppe der kinästhetischen Kreativitätstypen gehören, dann müssen Sie mit Ihren Händen spüren, anfassen, fühlen – heiß, kalt, rau, glatt –, verschiedene Oberflächen berühren. Sie müssen auch das intuitive Bauchgefühl haben, dass etwas gut ist. Menschen, die gerne schreiben, basteln, sind typischerweise kinästhetische Typen.

Und dann gibt es noch die Mischformen. Wenn Sie ein visuell-kinästhetischer Mensch sind, dann muss es die Kombination von Sehen und Anfassen/Tun sein – also die vorher erwähnte Gartenarbeit. Dabei sieht man schöne Pflanzen, natürlich auch das Unkraut, man berührt sie, fasst die Erde an. Aber auch der, der gerne in schöner Landschaft joggt oder zur Bohrmaschine greift, gehört zu diesen Typen.

Für die Mischform auditiv-kinästhetisch bietet sich das Tanzen an: Musik hören und sich im Rhythmus dazu bewegen, ist genau die richtige Mischung. Welche Musik und welcher Tanz Sie inspiriert, müssen Sie wieder selbst herausfinden. Aber auch selbst ein Instrument spielen, allein oder in einer Gruppe oder Band, kann die Kreativität stimulieren.
Bei der Mischform auditiv-visuell kann man sagen, dass eigentlich alles, was die modernen Medien heute bieten, genau in diese Richtung geht: Spielkonsolen mit hoher visueller Geschwindigkeit und nicht zu vergessen dem »surround-sound«, Home Cinema mit allen audiovisuellen Finessen sind wie geschaffen für diesen Kreativitätstyp.
Bei all diesen Aspekten ist es wichtig, dass Sie herausfinden, was genau Sie kreativ stimuliert. Das, was bei Ihren besten Freunden hervorragend funktioniert, kann bei Ihnen völlig danebenliegen, also bitte auf die eigene innere Kreativitätsstimme hören und sie genau befolgen!

Das waren jetzt einige Tricks, wie man sich in eine Kreativität stimulierende Stimmung versetzen kann. Und dann passiert es, dass der kreative Einfall immer noch auf sich warten lässt. Was lässt sich dann tun? Als Erstes bitte nicht in Panik verfallen, sondern eine Pause einlegen, etwas ganz anderes tun. Mit Gewalt und Druck entsteht keine wirkliche Kreativität. Im Gegenteil, Kreativität ist die Schwester von Humor und Leichtigkeit. Auch hier gibt es die bekannten Einwände: »Aber ich kann eigentlich nur kreativ sein, wenn ich einen ganz starken Termindruck habe und in letzter Minute meine Arbeit fertig stelle.« Das kann ein Arbeitsmuster bei Ihnen sein. Ob das wirklich immer mit Kreativität einhergeht, sollten Sie selbst einmal kritisch überprüfen. Ist die Arbeit, die Sie auf den letzten Drücker fertig gestellt haben, wirklich kreativ, also originell, betreffend neuer Ansätze und Lösungen?

Grundsätzlich haben Sie jetzt aber Ihre Kreativitätsmuster kennen gelernt und Sie wissen, wie Sie Ihre Kreativität stimulieren und aus der Sackgasse herauskommen können.

EPILOG

»Ein absurder Mensch ist jemand, der sich niemals ändert.«

Georges Clemenceau

Wenn Sie jetzt glauben, dass das alles viel zu schwierig und zu aufwendig sei, dann sollten Sie das Ganze erst mal ruhen lassen und das Buch einem guten Freund oder einer guten Freundin in die Hand drücken. Nachdem sich auch Ihr Freund oder Ihre Freundin mit dem Buch befasst hat, sind Sie schon zu zweit. Dann sollte einer von Ihnen das Thema wieder aufgreifen. Wir wissen alle, dass ein gewisser Gruppendruck sehr hilfreich ist. Wer in einer Gruppe joggt, macht das sicher regelmäßiger als jemand, der allein seine Runden dreht. Die Coachinghilfe eines Freundes sollte nie einseitig, sondern wechselseitig sein. Beim Tauchen gibt es das »Buddy-System«: Dabei hilft man sich gegenseitig bei Checks, die man allein nicht durchführen kann. Dieses Buddy-System sollten Sie auch in der Zukunftsgestaltung anwenden. Wie wäre es, wenn Sie den Prozess nicht allein durchziehen, sondern jeden Schritt parallel für beide Partner bearbeiten? Da sind die Erkenntnis und wechselseitige Stimulanz größer und es macht einfach mehr Spaß.

So, und jetzt gibt es wirklich keine Ausrede mehr! Wie sagte Seneca so treffend: »Nicht weil es schwer ist, wagen wir es nicht, sondern weil wir es nicht wagen, ist es schwer.« In diesem Sinne wünsche ich Ihnen eine spannende Zukunftsarbeit und Lust auf Zukunft. Damit stellt sich der Mut zur Zukunft automatisch ein.

LITERATURHINWEISE

Baum, Jens: *Keine Angst vor morgen. Strategien für den Umgang mit Zukunftsängsten*, München: Kösel 2004

Dixon, Patrick: *Futurewise. Six Faces of Global Change*, London: HarperCollins 1999

Englisch, Gundula: *Jobnomaden. Wie wir arbeiten, leben und lieben werden*, Frankfurt/M.: Campus 2001

Fink, Alexander, Schlake, Oliver, Siebe, Andreas: *Erfolg durch Szenario-Management. Prinzip und Werkzeuge der strategischen Vorausschau*, Frankfurt/M.: Campus, 2. Aufl. 2001

Godet, Michel: *Creating Futures: Scenario Planning as Strategic Management Tool*, London: Economica 2001

Köthe, Mathias: *Leidenschaft siegt. Von den Besten lernen: Prominente verraten ihr Erfolgsgeheimnis*, München: Kösel 2006

Lipczinsky, Margrit, Boerner, Helmut: *Wer sich kennt, hat mehr Erfolg. Persönlichkeitsfitness für den beruflichen und privaten Alltag*, München: Kösel 2006

Oppelt, Siglinda: *Management für die Zukunft. Spirit in Business: Anders denken und fühlen*, München: Kösel 2004

Reibnitz, Ute Hélène von: *Szenario-Technik*, Wiesbaden: Gabler, 2. Aufl. 1992 (im Buchhandel vergriffen; als Download gegen Gebühr über die Website der Autorin zu beziehen: www.scenarios-vision.com)

Thiesen, Peter (Hrsg.): *Zukunftswerkstatt und Szenario-Technik. Ein Methodenbuch für Schule und Hochschule*, Weinheim: Beltz 1999

Watzlawick, Paul: *Die erfundene Wirklichkeit. Wie wissen wir, was wir zu wissen glauben?*, München: Piper 2006

Watzlawick, Paul: *Wie wirklich ist die Wirklichkeit? Wahn, Täuschung, Verstehen*, München: Piper, 4. Aufl. 2006

UTE HÉLÈNE VON REIBNITZ,
geboren 1951, ist seit 1982 selbstständige Unternehmensberaterin, Dozentin, Coach und Autorin. Ihre Arbeitsschwerpunkte liegen in der Zukunftsgestaltung für Einzelne und Organisationen aller Branchen und Größen in Europa und im Mittleren Osten sowie in der Entwicklung der individuellen und kollektiven Kreativität. Die Autorin gründete 1993 die Beratungsfirma SCENARIOS + VISION und lebt in Vence/Südfrankreich.

www.scenarios-vision.com